我が君主は天にあり　上

軍師・黒田官兵衛伝

浅黄霞雲

Asagi Kaun

文芸社文庫

序文

青空に羽ばたく如き姿形を持つ「白鷺城」と呼ばれる姫路城は平成五年（一九九三）に世界文化遺産に指定され価値ある史跡となった。この現存の姫路城は関ヶ原合戦の軍功で三河吉田一五万二〇〇〇石から播磨・姫路五二万石に転封した徳川家康の娘を妻とする池田輝政が慶長六年（一六〇一）から八年がかりで城郭の大規模な拡張工事によって築いたものである。

天守閣・曲輪・櫓・石垣などは巧妙に配置された縄張りによる防禦体制を整えた城砦であると共にその優美な外観を併せ持つ城である。しかし莫大な費用と労力を費やして建造したにも拘わらず、戦いの場になることは一度もなかった。

徳川幕府体制下戦国騒乱の世は過去のものとなり、又幕末時には徳川譜代の酒井家が城主であったが倒幕軍に対して早々に開城し、徳川家の西国の守りの拠点としての役割を果し得なかった。

結果的に姫路城は明治六年（一八七三）の廃城令や太平洋戦争の空襲で一部破壊の

時期があったが今日まで四〇〇年間の姿が残され歴史上の建造物として存在している。

姫路城に池田輝政が入封する五四年前の天文一五年（一五四六）、この姫路の城砦に小寺藤兵衛政職の家老小寺（黒田）職隆の嫡子として幼名万吉丸、元服して官兵衛孝高、隠居後如水円清が誕生した。小寺氏の主城は近隣の御着城であり、姫路の城砦は家老の職隆が預かっていた。官兵衛孝高は応仁の乱（一四六七）から続く一〇〇年余の戦国時代の後期に、戦国武将として父の後を引き継ぎ彼の生涯の前半を姫路の城砦で過ごした。

戦国期は朝廷や幕府の中央集権の権威・権勢は衰退し、地方の今川、細川、斯波、上杉、赤松氏など守護大名の旧勢力も衰え、新興勢力として北条早雲、斎藤道三、武田、朝倉、織田、長宗我部氏などが輩出し、武力と陰謀による支配で領地を拡大し中央政権を望むべく勢力争いを際限なく続けていた。領地争奪のみならず家中の権力争いもあり、親・兄弟・親族の対立、主従間の確執など武闘・謀略の渦巻く下克上の世界が日本の各地で続けられていた。

地方の強大な勢力を持つ者は武力によって弱小豪族を従属させ、その輪が外に向けられ他国を支配する者と競い合い争乱の規模も拡大し混乱は増大していく。この弱肉強食の乱世は地方の弱小豪族にとっても家の存亡がかかっていた。強大な勢力の下に身を置き家の保全を維持する方策を必要とした。将来を見据えて従属先を選択しなければならない。誤まれば一族の破滅が待つ世界である。戦は勝たねばならない。敗れれば滅亡に直結する時代であった。

この様な乱世の時期に播磨の中規模の大名の家老職から身を立て、天下を支配しようとする者と関わり、後に嫡子長政の代に筑前五二万石の大大名の地位を得た黒田官兵衛（如水）の生涯は、この時代を生きた領土欲・権勢欲を槍働き・太刀さばきの腕力によって行動した多くの武将とは一線を画する生き方であった。官兵衛の生涯は家臣・領民を慈しむ父祖の養育を幼少の頃から受けて、その精神が行動の規範となっていた。それがヒューマニズム志向、合理的考察、キリスト教帰依として体現された。それに生来の優れた洞察力・先見の明を持つ智力で情況を即座に判断し物事に対処できる能力があり、さらに仕える者に対する愚直なほどの律儀さで信頼感を与えていた。主や同僚に信頼され家臣・領民に慕われるという徳性の高い人格を持つ当代稀有の人物であった。その立場は主君の小寺藤兵衛、織田信長、羽柴秀吉に仕える武門の身であり、彼らが指示する戦闘の場に身を置かざるを得ない。しかしその様な立場でも官兵衛の手法はその時々の情況を的確に捉えての戦術で、出来るだけ人を殺さず、血を流さずを第一としていた。相手の立場を考慮し「利」より「理」をもって説得に努め、対立する者を得心させようとした。それでも応ぜずに敵対し敗れた者に対しても戦後処理は寛容な処置を施すという慈悲の心を持つ人物であった。理は倫理・道理・真理・義理に通じ、時代が変遷しても人間社会の根源となすべきものであり官兵衛の生き方は時代を超えて師となり範とするに足る人物といえよう。

官兵衛（如水）は通常「稀代の軍師」「名参謀」として世に名高く知られている。そして彼に関する書物の主題も「軍師」「参謀」として多く扱われている。確かに彼の生涯の中で秀吉と行動を共にした時期には軍師・参謀の立場にあって秀吉の天下獲りの野望を実現させる働きをしたため、竹中半兵衛と共に軍師・参謀として高名を得た。しかし乱世の中の彼の五九年の人生は武力より智謀で世を生き抜き、晩年には政道から離れ文道を究め悠々自適の生活を過ごした。

この文武両道に優れた稀代の武将としての生き方に、今の世でも人生の範として通用する何か強く引きつけられる要素がある。

我が君主は天にあり 上　目次

第一章

遠祖

黒田氏の系統は第五九代宇多天皇を遠祖とする。その子敦実親王が源氏姓を賜わり、その子孫の成頼が近江に下向し近江源氏佐々木氏の元祖となる。近江守護佐々木氏七代目の信綱のとき、その子に近江を南北に分割して与えた。江南の佐々木泰綱は六角氏と称し、江北の佐々木氏信は京極氏を名乗る。この両者の母は執権北条泰時の娘であった。

京極氏信の子満信の次男宗清（宗満）の代に近江伊香郡黒田村に住し黒田判官代と称した。これが黒田氏の祖となる。宗清は弘安二年（一二七九）生れ、延文二年・正平一二年（一三五七）に卒している。従五位下左衛門尉大夫判官、隠居名を道法と号する。

宗清より六代目の孫高政まで近江源氏佐々木一族の名門として黒田郷を領し佐々木一族の旗頭を務めていた。高政は永正八年（一五一一）近江守護佐々木（京極）高頼に従って山城国船岡山の戦に出陣する。この合戦は京都の船岡山で第一〇代将軍足利義稙を擁した大内義興が足利義澄を擁する細川澄元を破った戦である。高政はこの合戦で軍令に背き、先駆けし功名を立てようとした。これが将軍義稙の勘気に触れた。主家佐々木氏の詫言で一命を取り留めたが江州を離れざるを得ない事態となった。

当時の事実上の権力者は大内義興で義稙は傀儡にすぎなかった。義興が高政の抜け駆けを口実に近江佐々木氏の勢力を削減する狙いがあった。

高政は四歳の重隆（永正五年・一五〇八年生れ）を始めとして家の子郎党を連れて、備前邑久郡福岡の地に同族の加地氏・飽浦氏を誼にして移り住む。福岡は吉井川のほとりにあり、長船と共に刀鍛冶による特産品を産出し福岡千軒と呼ばれる賑わいのある地であった。高政はこの地に定着して、大永三年（一五二三）に亡くなり日蓮宗の妙興寺に葬られた。のちに如水・長政が筑前に入封したとき、福崎に新たな築城に際し、その城下を福岡と改名したのは黒田家に由緒のあるこの地を忘れまいとしたからであった。

重隆の処世術

高政の亡くなるころ、戦国時代の下克上の波はこの備前でも起り、浦上村宗は旧主赤松義村を討ち備前の国中を掠めた。その騒乱が福岡にも波及してきた。高政没後子の重隆はその戦乱を避け妻（妻鹿氏）嫡子の満隆（職隆）（大永四年・一五二四年生れ）を連れ播州姫路に移り住む。その後館野城主赤松氏に仕えた。重隆次男千大夫のちの高友（休夢）は大永五年（一五二五）一月館野で生れた。城主赤松氏の人物に失望し仕官も長く続かず館野を辞して再び姫路に漂泊した。このとき重隆一家は一僕の体となり「一振の太刀と一領の甲冑のみ」であったといわれている。

姫路の豪農竹森新右衛門の名子小屋を借り暫くの間起居を続けた。この重隆の播州姫路行きは重隆のある日の夢に近江源氏の守護神佐々木大明神が現われて「播州の広峰大明神を頼みたまえ」という夢告に従ったという。父高政の近江時代の家歴の話やその後の教育の薫陶を受け、もって生れた資質に教養と品性を備えた青年に育っていた重隆の知恵が働いたものとみられる。

重隆は今後の身の振り方を名子小屋の主人新右衛門に相談すると、新右衛門は姻戚の広峰大明神の神主井口大夫を紹介した。ここで広峰大明神への手掛かりを得たのであった。

広峰宮は姫路の北三キロ（一里弱）、広峰山（標高三一一メートル）の奥にあり、牛頭天王（除疫神）を祀り産業神として播州一円に尊崇されて広峰三四坊という御師屋敷を構えていた。創建は奈良朝聖武天皇時代の天平年間（七二九―七四九）である。

京都祇園の八坂神社は平安時代にここから勧請され分神されている。

重隆は妻子と共に広峰宮に参詣し新右衛門から紹介のあった神主の井口大夫と会う。重隆の相談を受けた井口大夫は「当社の御師は播州一円に御札を配り歩きお初穂をいただいている。その御札に何か添えるものはないか」と知恵を請うた。重隆は黒田家に伝わる秘伝の目薬「玲珠膏」を思い出し、井口大夫に玲珠膏の提案をした。玲珠膏はカエデ科の木で目薬の木と呼ばれている樹木の皮を砕き、絹の袋に包んで煎じ、その袋から目に滴らせる方法の薬である。この樹木は今日でも目薬の木として各地の観光地の売店で小さくきざんで袋に入れて売っているのを見かける。

井口大夫は重隆にその目薬の製造販売を勧めた。広峰宮にとっても、その売上げの何分かを受取ることになるのでご利益である。重隆は広峰宮から下り、新右衛門に事の次第を告げた。新右衛門はこれまでの重隆の人格・教養ある態度、物ごし所作を見て常の人ではないと感じていたので、その事業の資金提供を快く引き受けてくれた。目薬はよく売れて、この事業は成功した。薬自体の効能が良い上に広峰宮の霊験付きである。販売方式が御札を配り歩く御師による訪問販売の様式であり営業費用が少なく、販売網も既定のルートである。同時に各地の情報を、御師に伴う手代を黒田家から付けて集めさせた。世情を知る情報機能手段としたのである。

次第に工房は大きくなり人手も多くなった。この製薬事業は軌道に乗り、米・銭を蓄えることができるようになった。順調な事業、重隆一家の質素倹約な生活、成金にみられる驕りもなく慇懃丁重な態度を見て、新右衛門は重隆に仕え、その上自分の家屋敷を提供すると申し出た。重隆は驚いて拒んだが新右衛門は「ぜひ移って下され」と屋敷に入れ主従の契約を結んだ。新右衛門は有能な黒田一家の番頭役を務めることで満足であった。

重隆は製薬事業で得た資金を元手に、次は田畑の購入、新田の開発として小作人の作用と農地拡大の事業を行った。やがて財産が蓄積されるようになると、米や銭の貸し出しを始めた。金融の事業である。この金融事業も独自の方法を考え出した。このころ利息の相場は四、五割であったが二割で貸付けた。近在の村々で「黒田の二割米」と評判になった。その貸付方法も独創性の優れたものであった。質ものはいらない（無担保）、金利が安い（低金利）、そして返済期限を設けぬこととした。身体の丈夫な男の子を持った者は一人当り米五石、二人なら一〇石、または銭を欲すれば銭でもよいという。但し条件として、借りたら毎年米一石ずつ利子として払ってもらうこと、元米を返済するまで被官分となって、ひと月の内二日ずつ当家の仕事をすることとした。製薬事業、農作業そして家の雑役と働き場は多くあり人手を要した。好条件のため被官する者が多く集まってきた。名子となり住みつく者と農地拡大事業のときから養っている者と合わせて、その身代は益々大きくなっていった。

重隆のこの時の目的は蓄財や豪農になることではなく、武門としての黒田家の再興であった。一介の浪人となった身から今は富豪の立場にあっても、その先の目的を忘れていなかった。

田畑の持てぬ農家の次、三男や浪人者、そして近在の地士などが黒田家を慕ってその傘下に入るようになった。これら集まった者は長屋二棟を建て住まわせ家業に使役した。その中の見処のある者には文武の鍛錬を施し、馬や武具も調えて武力を蓄積した。やがて戦闘能力のある武力を持つ被官が二〇〇人程の規模の集団となった。しかし、これだけでは一地方の豪族にすぎない。武門として名をなすには相応の大名に被官する必要があると考えていた。

満隆の小寺家被官

天文一二年（一五四三）、重隆三五歳の時、子供たちは嫡男満隆一九歳、次男千大夫（高友）一八歳及び三男勘七（友氏）は天文七年（一五三八）生れで六歳になっていた。黒田家の現有勢力をもって大名に被官することを決意したのである。重隆は満隆と今後の方策について話しあう。満隆は幼少の頃より父と苦楽を共にし、父の薫陶養育を受け思慮分別を備えた青年となっていた。

播磨国は、かつて赤松氏が守護大名として勢力を有していたが、下克上の戦国乱世の中、赤松義村がその宿老浦上氏に殺されてから、その勢いも衰え、地方の小領主になってしまい、播州は群雄割拠の状況であった。東播磨では三木城に赤松傍流の別所氏が勢力をもっていた。西播磨は赤松氏家臣であった小寺氏が御着城で威勢を振るっていた。その他上月氏、衣笠氏、宇野氏などが在地豪族として勢力を持っていた。

重隆は満隆や新右衛門と協議し、これまで育て上げた郎党二〇〇人余を率いて満隆が御着城の小寺氏に属することを決意した。御着城は姫路の近郊であり、規模としても一〇万石三〇〇〇人近くの兵力があり、城主小寺氏の風評も悪くなかった。

かつて播磨守護であった赤松氏が満祐の代に、第六代将軍足利義教を嘉吉の乱（嘉吉元年・一四四一年）で刺殺した。このため自らも追討軍の攻撃を受け赤松氏は滅亡した。その後、赤松氏遺臣らが吉野の南朝方が持つ三種の神器を奪って京都に持ち帰り幕府に差し出した。その功が認められ、赤松氏の再興がなされた。長禄二年（一四五八）のことである。その時の遺臣らの中心人物が小寺藤兵衛であった。赤松氏は小寺氏の忠をたてて、代々藤兵衛と通称を名乗らせた。

佐々木源氏の流れを汲む黒田家が被官する先として、名門の家柄である小寺氏に不足はない。ただこの時期、小寺氏は進取の気風もなく現況を守るのが精一杯で、重臣も才覚ある者がないという内情であった。

満隆を小寺氏に仕官させることを決意した重隆は御着城の小寺氏への口利きを広峰宮の井口氏に依頼した。井口氏は小寺氏に取り次いだ。小寺氏は黒田父子の評判は耳にしていたので喜んで受入れた。

天文一二年夏、満隆は御着城で小寺藤兵衛政職に拝謁し、小寺氏の被官を許された。しかし、このままの被官であれば、小寺氏の新参の外様であり、何か異変があり陣触れのあったとき、その指揮下で働くという主従契約でしかない。重隆はこれまで養った黒田家の郎党二〇〇人余りを連れて満隆が小寺家の傘下に入るからには、小寺家の評議に参画できる重臣の立場であらねばならない。ただの仕官では新参者として家中に軽んぜられる。相応の手土産を持って被官すれば今後の働きに有効であり活躍しやすいと考えた。重隆父子の深謀遠慮の知恵であった。

小寺家にとって有害な者を討ち取り、その所領を差し出すならば小寺家に有益であり喜んで迎え入れるであろうと考えた。格好の対象者を見つけ出す。姫路から二、三里西方に山間地から南下して播磨灘に至る揖保川が流れている。この揖保川沿いにある山間の小盆地の中、山崎郷と新宮郷の中間に香山郷がある。ここに本拠をかまえる香山重道という小豪族がいた。近年新興の勢いで近隣の各郷に威を振るい、財物や年貢米を侵略し狼藉を働いていた。小寺領や広峰宮の社領にも波及していた。小寺氏も攻め返すが山間の本拠地に立籠ってしまい手出しができないという状態であった。

重隆父子は香山重道を討ち手土産にすると決意した。相手は善悪わきまえぬ野盗の如き荒くれ者の集団である。黒田方は主将の満隆を始め二〇〇人余の被官衆も百姓上がりや浪人者の集まりで、戦には素人の集団である。この武装集団に勝つには智と度胸しかない。敵の油断しているところを奇襲する方策を取り大晦日の夜に急襲する作戦を立て、重隆と満隆は慎重に会合を重ねていた。大晦日までの四ヶ月間、足りない武具の買い集め、実戦を想定した兵の訓練、香山郷の地勢の調査や敵状の探査、攻撃の作戦を入念に練り上げた。重隆はこの戦の主導権を満隆に任せた。満隆の器量と才覚を自分以上のものと見込むと共に、将来の立場を思ってのことである。決行日が近付くと、満隆は御着城に行き小寺政職に香山重道討伐を打ち明け許可を乞うた。政職は喜んで承認し、小寺家の兵を援軍に差し向けようと答えた。手土産を独自で討ち取ろうとしている者が援軍を受けたのではその価値が下がる。しかしせっかくの好意をむげに断るのも角が立つ。満隆は小寺家の兵三〇〇人程を借り、戦いの終ったあと後詰めの要員に当てることで政職と話を付けた。

大晦日の夕刻、香山館の周囲に兵を密かに配置した。兵の動きを察知されないために、兵を分散している。一隊は山頂から下り館の上の方にとりつき、他の一隊は山間の上流から舟で下って館の下側に上陸し夜を待った。館の内では明日は正月、年越しの酒宴が始まっていた。よもや夜襲があろうとは思いもしない。満隆は館の近くにある野小屋に火をかける命を下した。火の手があがるのを合図に全兵が館内に突入した。目指すは館主重道の首。突然の襲撃に香山勢は大混乱となり、たちまちにして重道は討ち取られた。翌天文一三年（一五四四）元日、満隆は近在の村々の民百姓に事の次第を通知した。香山館の門前で広峰宮の御師に浄めの御祈祷をしてもらった。香山の残党や配下の者の襲撃に備え小寺衆を当てた。これは武装した集団がそこに居るだけで用が立った。村の人々は満隆の戦後処理にも満足し安堵するのであった。香山重道の首は御着城に送った。満隆は姫路に凱旋し父重隆に報告してから、さっそく御着城の政職を訪れ香山討伐の手土産を献上し改めて小寺家への被官を願い出た。政職は満隆の武勇、謙虚な態度、挙措や礼儀作法それに丁寧な言葉遣いにすぐれた品格を見て、小寺家の主柱となって働いてもらいたいと思うのであった。

政職は満隆を客将として迎え、香山領に加え姫路近郊の土地四〇町歩余りを恩賞として授けた。黒田家の所領は従来の田畑と合わせ約六、七〇〇〇石程に増大した。小寺家中で最大の所領であった。

高政が近江を離れてから三三年にして黒田家は再び武将として復活したのであった。満隆の仕官を機に重隆は隠居し黒田入道となった（隠居名は宗卜）。重隆は満隆の器量を見込んだことに加え、満隆の仕官と黒田家の家業の宰領を分担して取り組む方がよいと判断した。

政職の期待に沿い満隆は益々信頼を高めていった。天文一四年（一五四五）に政職は満隆を姫路城に城代として入れ与力一五人、足軽五〇人を預け、小寺領の西方を鎮守させた。満隆の才能と人柄に魅了され、この信頼できる器量人を小寺家の枢機に参画させたいと思うようになった。新参者を重役に置くには他の重臣や家中の者に嫉妬や反感が出て騒がしくなると考えて、小寺家との姻戚関係を結び小寺家の一門とする配慮をした。赤松系統の明石城主明石正風（宗和）の娘を政職の養女にして満隆に嫁がせた。この妻の父明石正風は和歌に精通し、関白近衛稙家父子に歌道を伝授するほどの人である。母は山城国桂の出身で摂関家の近衛一門の出であった。妻はこの文芸一家の中で和歌や物語の手ほどきを受けて育ってきた。

政職は満隆を小寺家の一門にし、小寺の姓と諱を与え、「小寺職隆」と名乗らせ筆頭家老に抜擢した。満隆改め職隆は政職の厚遇に深く感謝し、愚直なまで忠節を尽くし、御着城の政職を補佐した。戦国乱世の時代、他国のみならず仕えている重臣も主君に叛逆し討ち取られるときもある。一国の城主といえども国内外の情勢を把握し治世する力量と能力がなければ身の破滅が待ち受ける時代である。政職が新参者の満隆を信頼し、筆頭家老に据えたのも小寺家の重臣の中に能力がある者がなかったからともいえた。

万吉誕生

天文一五年（一五四六）一一月二九日辰の刻（午前八時）、黒田満隆改め小寺職隆の嫡男が姫路城で誕生した。官兵衛孝高である。この日雪が降り城下は白く覆われていた。英雄誕生、家門繁栄の前兆と皆喜んだ。幼名は万吉と名付けられた。父職隆二三歳、母一六歳、祖父重隆三九歳と壮健である。後年天正一〇年（一五八二）五月羽柴秀吉が清水宗治の高松城を水攻めしたとき、足守川の水を堰止める方法を提案した吉田六之助の母が万吉の乳母をつとめていた。

城下の民や自ら育てた家臣を慈しむ黒田家の家風は当然嫡子万吉にも愛情に満ちた養育法として注がれた。「今日ある立場は主君と支えてくれる家臣や民百姓のお蔭である。その恩を忘れてはならぬ」と幼少時より語り聞かされ育った。万吉の父は御着城に詰め政務を執っている。万吉は母の下で育てられた。和歌を好む母と過ごしているうちに、古歌を覚え諳んじるような子であった。また骨細で脆弱な身体であるが活発に武芸の稽古のまねごとをして動き回っていた。このような幼時の教育が慈愛ある人間として官兵衛の終生変わらぬ生き方となった。

この天文一五年のころ、織田信長一二歳、秀吉一〇歳、竹中半兵衛三歳の時である。この年四月に北条氏康が古河公方と山内・扇谷両上杉氏の連合軍を破る武蔵河越夜戦があり、古河公方勢は古河に逃げ帰り、山内上杉憲政は上州に退却した。かくて北条氏は武蔵国を支配した。

一二月には安芸国吉田郡山城の毛利元就が五〇歳で嫡男隆元二四歳に家督を譲った。しかし実権は持ち続けていた。その後元就は弘治元年（一五五五）に厳島合戦で、大内氏から権力を奪った陶晴賢を奇襲作戦で破り、永禄九年（一五六六）月山富田城の尼子氏に勝利し中国八ヶ国を持つ勢いとなる。

甲斐国では武田信玄の四男として勝頼がこの年に生れている。信玄は天文一〇年（一五四一）に父信虎を国外に追放し実権を得ていた。

美濃国では天文一一年（一五四二）五月、斎藤道三が守護の土岐頼芸を襲撃し尾張に追い出し国主となった。

九州豊後では天文一九年（一五五〇）に大友宗麟が父義鑑を殺害している（大友二階崩れの変）。

子がその親を、家臣がその主人を追い出したり殺害する。他国を侵略したり、されたりと日本各地で繰り返される乱世の時代である。旧主の守護、細川・斯波・上杉・赤松・尼子・大内氏らが凋落し、新興勢力の守護大名として、北条・斎藤・朝倉氏らが台頭、そのあとに続いて織田・長宗我部・毛利氏らが勢力をもたげていた。

この時期、万吉は播州の一地方を治める大名の筆頭家老の嫡子として幼少期を過ごしているにすぎない。播州に大きな騒乱が波及していないのが幸いであった。

母の死

天文二一年（一五五二）万吉が七歳になると姫路城から城下の村にある浄土宗の寺

に通い僧円満について、読み書きの手習いを始める。円満は細身の身体で心根の優しさを持ち、気配りが利いて行儀のよいこの聡明な少年を大層気に入っていた。ただ武門の嫡子として成人してのち戦場に立ったとき、役向きに堪えられるだろうかと気遣うのであった。なんとしても武家の子として育てあげなければならないと万吉に接していた。寺での手習いを始めるようになると、母からの和歌や物語の手ほどきも深まっていった。母は歌を詠じ歌の意味や情景を解説してくれた。歌に出てくる諸国の地名や位置関係も覚えていった。少年時代に母から学んだ文芸は想像力を養う上でも成人後の人間形成に大きな力となっていた。

この頃、万吉の次に天文二三年（一五五四）弟小一郎（利高・兵庫助）、弘治元年（一五五五）上の妹（三木清閑室）、弘治二年（一五五六）下の妹（尾上安右衛門室）が生れている。後年三木家に目薬「玲珠膏」が伝えられた。尾上氏は豊前一揆のとき戦死した。

永禄二年（一五五九）万吉一四歳、一一月二八日に幼い子供達を残し、母は病により若くして急逝した。思春期にさしかかっていた万吉にとって母の死は大きな衝撃であった。背を支えている手が急に外れ体が宙を彷徨うような頼りなさを感じるのであった。万吉は悲嘆にくれ食も細くなり、眠りもままならなくなり物想いに耽ったりして、これまでの闊達な生活から一変し性質や行動が変わってしまったように見えた。母を亡くした悲しみと寂しさが離れず、母の遺した歌集や物語を読み耽った。「御伽草子」「枕草子」や「小倉百人一首」に接していると母が側で見守っていると感じるのであった。和歌を好み「三代集」「八代集」や諸家の歌集、「源氏物語」「伊勢物語」まで読み耽った。寺での手習いや武術の稽古を終えると部屋に籠り歌学の習得に没頭した。文芸の道に身を置く立場であれば良い修業の期間であろうが、今は乱世、武門の嫡男がこのようでは先が思いやられる。父職隆は万吉の行動を見聞きして案じた。職隆は万吉の心の内を察して自ら直接諭すより手習いの師円満に諭してもらう方が効果があると考えた。職隆は円満に告げた。円満も同様に心配していたので快く引き受けた。「学問は自分を修め家臣を統御するには必要であろうが、今戦乱の世、兵書を学び弓馬を業とするときに風雅の道は役に立たない。武士の務めは攻めてくる敵から家臣や民百姓を守ることである。武を怠れば身の破滅となる。今は文芸を離れ武辺に心を注ぐ時である」と諭した。利発な万吉は師円満の言葉が父の意向であることを察した。戦乱の様相が大きくなり、播州もその渦中に巻かれるであろうと万吉も思う。父祖が貧窮の流浪の身から今日の家を興したのがその波にのまれ家の滅亡となりかねない。万吉は師の諭しに従い文芸の書物から離れ、兵書の学習や武事に励むようになった。

永禄三年（一五六〇）万吉一五歳、母を亡くして歌の書物に没頭しているのを円満に諭されているころ、この年五月に尾張の織田信長が桶狭間で今川義元を討ち取っていた。

竹中半兵衛は美濃菩提山城で父重元の病死により一七歳で家督を継いでいた。

永禄四年（一五六一）万吉一六歳、御着城の小寺政職が鷹狩りの途中に姫路に立寄ったとき、政職は万吉の対応が気に入り、御着城で政職の近習として八〇石を与え出仕させた。才知ある万吉を可愛がり側近く置いていた。

職隆の三男、万吉の異母（神吉氏）弟甚吉が生れる。のちに修理亮・利則と称する。

この年九月に武田信玄と上杉謙信の「川中島の戦い」が起っている。

官兵衛孝高と改名

永禄五年（一五六二）万吉一七歳、元服して幼名万吉を改め小寺官兵衛孝高と名乗った。通称の官兵衛は藤兵衛にあやかった名である。元服して間もなく近在の土豪との合戦が生じた。官兵衛は父職隆と共に出陣した。これが初陣であった。職隆は重臣の立場にあり先鋒大将として前線に出て指揮をとる。官兵衛は政職の陣地に控え使番の役を務めた。前線まで出て敵状を探り、敵味方双方の動きなど戦況を政職に報告した。戦の先の見通しまで読んで自分の意見を伝えた。すでに歴戦の将の如く状況を判断する天性の能力を持っていた。

その後官兵衛は御着城に出仕し城中の上下の士を問わず多くの者に接して見聞を広げていった。さらに城から出て播州の各地を歩きまわり地理、地勢を修得し、大名や豪族の能力、兵力の動静などを探りそれぞれの実力を見極めていた。筆頭家老職隆の嫡子としてその地位を継承する者として修養を重ねた。

この永禄五年、尾張の織田信長は松平元康（家康）と清洲同盟を結んでいる。翌年（永禄六年・一五六三）信長の娘徳姫と元康の嫡男竹千代の婚姻が成立した。信長は美濃を攻めるが反撃にあい敗退している。居城を清洲城から美濃に近い小牧山城に移した。

永禄七年（一五六四）官兵衛一九歳、二月六日黒田家再興の祖父重隆がその波乱の生涯を終えた。享年五七歳であった。姫路の浄土宗心光寺に葬られた。重隆は常々「わが家は民百姓によって流浪の身から今日の立場にある。民百姓の恩を忘れてはならぬ」といい、貧しい者には衣食を与え、住む所もない人には長屋の一隅を与えた。困窮者を憐れみ育み、借財を免除したりしていたので近在の者から敬愛されていた。城下の多くの人々が重隆の徳を慕い、その葬列に手をあわせ涙を流したのであった。職隆は父の教えをよく守り慈愛をもって城下の者に接し、城中では政務を手堅く遂行しており、孫の官兵衛も立派な青年に成長しているのを見届け永眠することができた。官兵衛も母の死の時のような衝撃を受けぬ精神力を蓄えていた。

奇しくもこの年二月六日の夜、美濃では二一歳の竹中半兵衛が一六人の屈強の配下の者を連れ、弟久作の病の見舞いといって稲葉山城に登り城主斎藤龍興の寵臣斎藤飛騨守秀成を討ち取り、龍興を城外に逃走させる稲葉山乗っ取り事件が起っていた。信長が再三攻めても落とせない城を半兵衛は一七人の少人数で一晩のうちに堅固な城塞を手に入れるという離れ技であった。その後半兵衛は報復なしの条件で城を龍興に返し、隠棲生活を始め兵書・軍学書に埋れる日々を過ごしていた。

この年職隆の四男で官兵衛の異母（母里氏）弟惣吉が生れる。のちに惣右衛門・図書助・直之と称す。

永禄八年（一五六五）官兵衛二〇歳、播州は中小豪族の力の均衡により小競り合いはあっても彼ら同士の大きな戦や他国からの侵略も波及しておらず、他国のような混乱はまだ起きていなかった。

応仁の乱（一四六七）から乱れた世も一〇〇年が過ぎている。足利幕府として将軍家は存続しているがあってもなきが如くであった。朝廷も同様である。日本国を統治する力のある者がない。各地方の新興の勢力が次第に自らの領地を拡大し支配地を増していた。

関東は北条氏康、甲信は武田信玄、北陸は上杉謙信、中国は毛利元就、そして畿内は三好長慶が前年（永禄七年）四三歳で亡くなって松永弾正久秀が権勢を得ていた。

三好長慶は主家である阿波の管領細川晴元を破り、晴元が近江坂本に追い出した一三代将軍義輝を京の二条館に置いて実権を握った。畿内五ヶ国と淡路・阿波・讃岐の八ヶ国を領有するに至った。長慶は一時京を制したが、嫡子義興の急病死（毒殺）に衝撃を受け病弱となり河内飯盛山城に隠退した。その家臣であった松永久秀が長慶の権勢を奪い、主筋の三好三人衆を従え京を支配しようとしていた。久秀は将軍義輝を廃し阿波の三好家にある足利義栄を将軍に据え京の実権を得ようとした。久秀は居城の大和から兵を分散させ京近辺の伏見・淀・木幡・鳥羽周辺に配置した。久秀本人は五月一六日の清水寺縁日に参詣すると称して上京し滞在した。そして兵を京に集め、五月一九日夜、将軍義輝の二条館を襲撃した。義輝は死を覚悟し近侍の者を集め酒宴をしてから上臈の白い小袖に辞世を書いた。義輝は筆を置いてその手に太刀を持った。塚原卜伝の免許皆伝の腕前で松永軍兵を斬り倒した。しかし兵士らに板戸で囲まれ、押し倒され槍で刺殺された。将軍自ら戦い殺害されるという下克上の極みであった。

官兵衛が父職隆と城主政職の許可を得て畿内の視察旅行に出て帰国した直後の出来事であった。一六歳の出仕以来四年が過ぎていた。城中における作法や政務の実践学習も一通り体験し、近隣の諸情勢も把握できていた。並の者はその歯車の中で日々世を過ごすであろうが、官兵衛にとってはその枠の中に収まるには窮屈であった。小さな器から水が溢れる如く、外に向ってほとばしる才気を持っていた。

播州の田舎の片隅で生涯を終えるには小さすぎる。何かもっと大きなものに関わりたいと思うのだがまだはっきりした対象物が掴めていない。ただ小なりといえども武門の家にある。家を守る、主家を守ることが前提である。そのためにこれからの情勢にどのように対応するか、大きな力にどのように関わって自己能力を発揮できるかの問題である。姫路や御着の小城では諸国の情報が入ったにしても現実の姿が見えない。世勢を実際に見て確かめたいと思うのであった。

官兵衛は港町で栄えた播州室の津から船に乗り、播磨灘を東に進み堺で上陸した。堺の街中を歩くと、韓・明・天竺（インド）の他に交趾（ベトナム北部）・呂宋（フィリピン）や遠くヨーロッパの国から入った陶磁器や、色鮮やかなガラス類、ビロードの布地類など異国の品々が商家の店先に置かれていた。交易船によってもたらされたこれらの品々の先に異国の文化の繁栄があることを官兵衛は目の当りに知るのであった。

街の賑わいの中に異国人を目にした。彼らはキリシタンであると聞いた。現実に異国人を見てキリシタンという言葉を聞いてキリシタンとはいかなる者かと関心を持つのであった。

官兵衛は堺で京の話やキリシタンの話を仕入れて京に上った。京は朝廷や足利幕府の権勢が衰えて、中央集権の政治都市としての機能を欠いていた。だが町人や商人衆も多く行きかい、地方から物資を運ぶ者などで賑わい商業都市として栄えていた。各地から米や野菜、穀類、杉や桧の木材、海産物等々、遠くの山間地や海辺の地から物資が集まり、それぞれの荷を運ぶ者、付き添う者、それを仕入れに来る者などの在郷の者が町衆の中に混在していた。各国から京視察に派遣された武士集団も見かけられた。

官兵衛は京や堺の畿内を巡り田舎では見られない風俗・産物を通して、その文化を体験した。とりわけキリシタンという新しい世界を知り、京の賑わいと政情不安を目の当りに見て、その旅を終えて帰国した。

その後、京では将軍義輝を殺害し実権を得た松永久秀は、そのころ京で盛んであった法華宗の勢いを利用しキリシタンに迫害を加え京から追放した。京のビレラはやむなく河内の三箇に避難し、のち堺に逃れた。七月、松永久秀に将軍義輝を殺害された細川藤孝らの幕臣は、義輝の弟で奈良の一乗院門跡となっていた覚慶を連れ出し、近江の八島（大津から六里程）に匿った。覚慶は松永の手がのびて殺害される危険性があった。義輝の死によって足利将軍家が絶たれたため、幕臣らは弟の覚慶を還俗させ将軍職の後継にしようとした。八島の臨済宗小林寺を本拠にした、覚慶のもとに幕府の重臣が集まって来た。覚慶は各地の有力大名に足利家の再興の援助を求める使いを出した。その後、近江観音寺城の六角承禎の保護地八島から離れ、覚慶の姉の嫁ぎ先である若狭の武田大膳大夫義統を頼り移って行った。

この年の夏、栗山善助が黒田家に仕官を願い出た。一五歳の善助は姫路近郊に住していたが、黒田家の世評を聞きその家臣となることを望んだ。職隆は善助の人柄・物腰を見て仕官を認め官兵衛に仕えさせた。若い者は官兵衛の配下に置き教育させ直属の家臣とする配慮であった。官兵衛は善助の昼夜よく奉公に精を入れ、よく働くことを見届けて、側近くに使うことにした。善助は後に、四郎右衛門・利安と称する。以後数々の功績を残し黒田家の重臣となった。

永禄九年（一五六六）官兵衛二一歳、播州は諸豪族の力の均衡により大きな変化はなく平穏であった。

前年近江から若狭に移った覚慶は二月に還俗して足利義秋と名乗った。そして若狭から越前の朝倉義景を頼り敦賀に居住して、諸国の大名宛に教書を送り入京を進めていた。京に上った大名の庇護の下に自分が将軍の継承を果たそうと思っていた。しかし諸国の力ある大名は互いに勢力を競い合っており京に上れば国元が侵略される恐れがあり動けぬ状態であった。

この年の秋、山陰の名族、月山富田城に本拠を置く尼子氏が二年にわたる戦いの結果、毛利元就に敗れ滅亡した。尼子氏は近江佐々木源氏の出雲守護代、京極持久が尼子を称した時から始まる。一時山陰山陽一一ヶ国を治める時期もあったが、晴久の代に元就の陰謀にかかり尼子一族の新宮党を討つ内紛により、自壊して勢力を弱めていた。元就は時機到来と月山富田城を攻め落とした。落城後尼子氏の名将山中鹿之介幸盛は京に上り、新宮党の尼子誠久の子が東福寺の僧となっていたのを還俗させ尼子孫四郎勝久と名乗らせ、因幡の山名豊国の援助を受け隠岐の島で残党を結集し尼子氏再起を図っていた。

父の隠居・家老職相続

永禄一〇年（一五六七）官兵衛二二歳、御着城主小寺政職は職隆と官兵衛父子の働

きを信頼し、さらに地縁血縁を深めようとして政職の姪で播州志方城主櫛橋豊後守伊定の娘（一五歳）を官兵衛に娶らせた。妻の名は不明であるが、のち雅号を幸園として伝わっている。官兵衛は生涯この妻一人を正室にして、側室も持っていない。

官兵衛の結婚を機に父職隆は隠居を申し出、家督と家老の席を官兵衛に譲った。職隆は官兵衛の器量を自分より上であると見込み潮時を判断した。職隆はまだ四四歳の若さであり、権力や物欲に拘泥しない清廉淡泊な人柄で人望があり城主政職の信任厚かったが、政職はやむなく許可を与えた。

官兵衛が家督を継いだ直後、西播磨周辺の村々を荒らし回っていた沢蔵坊という賊徒が一五〇人程の荒くれの部下を連れ小寺領に侵入し領民の家財を強奪したという情報に接した。官兵衛は直ちに家臣を率いて出陣し首領の沢蔵坊とその部下数十人を殺害し討伐した。この時沢蔵坊と斬り合って討ち取ったのは、母里氏一族の母里雅楽之助であった。雅楽之助の父を母里小兵衛という。小兵衛は職隆に仕えていたが数年前戦死している。その時の戦いの前に死を予告して職隆に「もし私が死んだら私の妻を娶って、幼い子らを養ってくれ」と言い残していた。その言葉によって職隆は彼の妻を後妻に迎えた。その子の雅楽之助らは官兵衛の弟のように育てられていた。職隆はその後妻との間に一男一女（直之と一柳伊豆守室）をもうけている。

沢蔵坊討伐により西播磨の地は平穏を取り戻し官兵衛の名をその一円に高めてこの年は暮れた。

永禄一一年（一五六八）官兵衛二三歳、官兵衛が預かる姫路領の長の坪に真島右馬助が侵入してきた。官兵衛は自軍を率いて撃退し、さらに追撃してその居城を奪い取った。この戦いでは井口猪之助、三宅藤十郎が功名をあげた。井口家は代々播州の地士で一城の主であったが赤松氏と不和になり御着城近くに居住し浪人となった。その後、猪之助の父与次右衛門の代には田地屋敷を多く持って数十人を働かせる豪農となっていた。広峰宮の御師井口大夫は猪之助の叔父であった。後年、猪之助、六太夫と甚十郎の三兄弟は黒田家に仕えていていずれも戦死した。末弟が井口兵助（のち村田出羽）である。兵助は兄三人が戦死したあと、幼くして黒田家に仕官した。官兵衛は兄を亡くした兵助を憐れみ側近くに置いていた。のち長政が人質として長浜で過ごしたとき一三歳の兵助は長政に近侍した。

三宅藤十郎は晩年若狭と号した。藤十郎はまだ黒田家に仕官する前から武勇の名があったので官兵衛は三〇〇石で招き家臣としていた。この長の坪の戦で真島右馬助の城攻めのとき、藤十郎は「この城攻めなど、朝茶の子を食するようなものだ」という。官兵衛は藤十郎に先手を任せてその城を落した。官兵衛は戯れに「お前の朝茶の子は石飯茶の子だのう」と藤十郎にいって笑った。

この年一二月三日寅の刻（午前四時）、官兵衛の嫡男が姫路城で誕生した。幼名を松寿と名付けた。のちの吉兵衛長政である。

青山合戦

永禄一二年（一五六九）官兵衛二四歳、五月姫路の西隣に位置する館野城の赤松下野守政秀が東播磨八郡を領する三木城の別所安治と共謀し三〇〇〇人程の兵を率いて御着城を攻めるという情報が官兵衛のもとに入った。官兵衛は「三木氏が東播磨を制するように赤松氏は西播磨の主であることを示威するための出動であり、城を落そうと本気で攻めはしないだろう」と推察した。官兵衛は姫路勢二〇〇人余りの家臣を率いて姫路城の西方一里にある青山に陣を取った。赤松勢は前方で別所方の出兵を待って野陣を布していた。別所勢は約定の日を間違えていて出陣していなかった。官兵衛は別所勢を待って雑然としている赤松勢に一気に攻め込み敵兵を撃退させた。

六月に入って、敗れた赤松政秀は前月の雪辱を果たさんとして再び襲来した。官兵衛は父職隆と共に、姫路郊外の土器山に陣を取った。今回は御着城の政職からの援軍も派遣されていた。赤松勢は夜襲をかけてきた。予め襲撃を予測して防備に御着勢を配備につけていたのだが、御着勢が悉く破られ苦戦に陥った。姫路勢は多くの戦死者を出しながら防戦しなんとか敵を退きのかせた。その苦戦した日の夜に、官兵衛は姫路勢を率いて赤松政秀の本営を目指し襲撃をかけた。勝ち戦に油断していた赤松勢は混乱をきたし四方に逃げ散った。以後赤松勢が御着を襲うことはなかった。三〇〇〇人余の赤松軍に二〇〇人程の姫路衆で勝利した官兵衛の名は播州に知れ渡った。しかし官兵衛は気が晴れなかった。叔父である父職隆の弟、井手勘右衛門友氏や母里小兵衛の子武兵衛ら黒田家の重臣や武勇の者を失ったほか、母里一族二四人が戦死するなど重隆や職隆が育てた黒田家の戦力に大きな痛手を受けた。それに御着勢の兵力の弱さを目の当りに見てその戦力が当てにならないと悟った。政職はこの様な時に黒田家を先兵として傭兵として使うために仕官させているのかと疑問に思うのであった。これでは別所の大軍が攻めてきた時には支えられないと感ずるのであった。

この年、一四歳の母里万助（のち太兵衛・但馬・友信）が黒田家に出仕し官兵衛に仕えた。母里一族で武兵衛のいとこである。万助は筋骨たくましく、気性烈しい性格であったが物事に拘らぬ性分と誠実さを持っていた。官兵衛は栗山善助と万助に兄弟の契りを結ばせ起請文を書かせ互いに取り交わさせた。「善助は分別者、万助は無分別者である。善助は年長であるから兄となり、万助をよく指導せよ。万助は弟となって善助の教えをよく聞け」と諭した。万助は成人したのちも剛毅で直情型の性格であったが善助に対しては生涯従順であったという。

永禄一三年四月二三日改元して元亀元年（一五七〇）官兵衛二五歳、「黒田家譜」はこの年から天正二年（一五七四）までの記述がない。この時期播州は力の均衡により大きな変化がなかった。館野の赤松政秀が病死し、さらにその勢力は衰えていた。

しかし天下の形勢は刻々と変化している。やがて播州にもその波が訪れるであろうと官兵衛は推察していた。その時小寺家が存続するにはいかなる対応を要するかが官兵衛の課題であった。この時点では小寺家の家老小寺官兵衛孝高であるにすぎない。

御着城評定

天正三年（一五七五）官兵衛三〇歳、「黒田家譜」で永禄一三年（元亀元年・一五七〇年）から五年間官兵衛の記述が途絶えている期間に、信長とその対峙する勢力に大きな変化があり信長の支配地は畿内まで及んでいた。しかし武田勝頼が北方の国境を、三好衆が石山本願寺と共に大坂を、越前では一向一揆衆が敵対するなど兵馬を休める暇もない状態が続いていた。三月下旬信長は嫡男信忠を三河に出兵させて、勝頼に備えさせ、四月六日京から大坂に入り三好衆を攻撃し、一九日三好笑岩を降伏させ二八日岐阜に帰着した。

五月一三日信長は岐阜を出陣、三河長篠設楽原に進軍してきた勝頼に向い一八日に設楽の極楽寺山に陣を置いた。二一日織田・徳川軍の鉄砲隊と武田騎馬軍団の激闘が始まった。鉄砲隊の前に武田軍の死者一万人ばかり残し総崩れとなって勝頼は敗走した（長篠の合戦）。信長は二五日岐阜に帰着し、家康は高天神城を攻撃し城を奪回した。

武田氏の脅威から解放された信長は六月二六日上洛のため岐阜を発し、翌二七日相国寺に寄宿した。七月一日摂家を始め畿内の有力者が挨拶に訪れた。その中に播州三木城の別所小三郎長治、叔父で後見役の別所孫右衛門重棟の名も記されていた。三日宮中に招かれ蹴鞠の見物をした。この日信長に官位昇進の詔勅があったがこれを辞退し、重臣の叙任を願って許可された。松井友閑は宮内卿法印、武井夕庵は二位法印、明智光秀は惟任日向、丹羽長秀は惟住に任ぜられた。信長は京を下り一七日岐阜に着いた。

　この年ようやく播州御着城に動きが生じた。六月、城主小寺藤兵衛政職は官兵衛や家老の小河三河守・江田善兵衛らの重臣を召集し評定を開いた。政職は「今の時世、天下を争う武将は多くいるが誰が天下を獲るか。中国の毛利、京を制した美濃の織田及び織田に京を追われたが十分な勢力を保持する阿波の三好の三家は特に威勢がある。この三家の誰かが天下を制するものと思われる。小寺家の存続のためにはいずれに属すべきか」と諮問した。

　播州はまだ以前のように別所・小寺・赤松の力の均衡が保たれ、他国からの勢力も及んでいなかった。しかし荒木村重が信長に属したことによって隣国摂津までその勢力が入り、西方では宇喜多直家が備前を制し毛利と誼を通じており、毛利圏が隣国まで接近していた。

　政職の器量は播州の名家の名を残すこととその領地を保全するのが精一杯であり、属する判断を誤まれば滅亡の危機と感じていた。すでに隣国まで迫って来ている大勢力はすぐ播州に波及するであろう。一〇万石を領するとはいえ田舎の小領主の戦闘力では太刀打ちできる訳がなく、瞬時に攻め滅ぼされるであろう。強大な勢力に属し自己の生命と領土を守る道を取らざるを得ない。播州の地勢から見て中国・四国は近く、古くから交流もあり情報も入り易い。京を制したとはいえ信長の本拠地岐阜ははるかに遠い。上杉謙信や北条氏も有力者であるが更に遠く情報も乏しい。

三好氏は絶対的な権力者がいないが京の支配を追われてのちも室町将軍の継承権を持つ足利一派を擁して阿波から京を窺う勢力として存在しており、過去に京を支配した実績も政職の認識の中に残っていた。

毛利氏は山陰山陽に一一ヶ国（安芸・周防・長門・石見・出雲・伯耆・備前・備中・備後・美作・因幡）の支配権を有し、元就亡きあとも小早川隆景と吉川元春の両川が輝元を補佐して治世に当っていた。毛利家としては迷惑であったろうが、京を追われた足利義昭が鞆ノ浦に寄宿していることは、播州者にとっては毛利氏の武威と情義の厚さに感服するものがあった。

織田氏は本拠尾張・美濃の他に山城・近江・摂津・大和・和泉・河内・伊賀・伊勢・志摩・越前・若狭・飛騨の支配権を得ている上に、京において朝廷の威を藉り天下の号令を発しようとするまでになっていたが、御着城の政職と重臣らは信長のこれまでの苛酷な行跡、比叡山の焼打ちや僧俗の殺戮、現職将軍の追放そして一向一揆衆の撫で斬りなどの情報に接し、いつ己の身に降りかかるかという不信感を持っていた。

城主政職と重臣らの評定の結論は、富国強兵で安定した国策をとること、播州との地縁的なつながりなどから毛利氏に帰属する方が得策であると傾いた。これに対して官兵衛は織田氏に帰属すべきであるとその論理を述べた。駿河の今川義元、甲斐の武田信玄、小田原の北条氏康らの有力者は既に亡く国の威力も衰えた。阿波の三好氏もかつての勢いはなくなっている。越後の上杉謙信は遠国にあり京に辿りつくことは困難である。今天下を競うのは毛利氏か織田氏の両人であろう。しかし毛利氏は名将元就が死した今、吉川元春・小早川隆景の両将ありといえども主家の輝元に天下を獲る器量はない。輝元は安芸に留まり自ら動くことは希である。これでは今まで属した諸国の将はやがて離反するであろう。毛利氏は元就の死後大国の守成を旨とし天下を望む覇気はない。織田氏は尾張半国を本拠に、大軍の今川氏を破り美濃の斎藤氏、越前の朝倉氏、近江の浅井氏を滅ぼして今や畿内の要地を得ていずれ天下の覇者となろう。武勇知略共に備えた信長に向う敵はない。この五月には三河長篠で武田勝頼を大敗させている。京に入り朝廷を擁して天下の号令を発しようとしている。いずれ信長が天下の覇権を得るであろう。よって織田氏に誼を通じるべきであると主張した。官兵衛は口に出しはしなかったが、この他にも信長に帰属する根拠を持っていた。信長に敵対した場合は敗者に対して彼の苛酷な性格から徹底的な殺戮が行われ家の破滅は免れない。一方、毛利氏の場合は降伏の意思を示した者に対しては処置が寛容で命は助け、家の存続の可能性があった。

さらにもう一つの根拠は東播州で二〇万石を領する三木城の別所氏が織田方について御着城を攻めて来た場合、別所氏単独の攻撃でも一〇万石の小寺氏は防ぐことが困難であろう。まして別所氏が織田軍の力を借り播州統一に動いた場合は小寺家の存続はなくなるだろうと思慮していた。この御着城の評定の時期の直後七月一日に別所氏は信長の上洛時に相国寺を訪れ挨拶し誼を通じている。官兵衛の推察した事象が現実のものとして進行していたのであった。

この時期官兵衛三〇歳、幼少の頃から母の手ほどきを受け文芸を学び、母の死後軍学書を修め、祖父重隆や父職隆の民への慈愛心の教えを受継ぎ、またキリシタンの教義に関心を持つなど教養人として成長していた。さらに畿内や近隣を巡り諸国の状況を身をもって体験していた。天性の才能と修養を備えた官兵衛は播州の田舎の豪族の家老の身では器が小さすぎる。もっと飛翔したいという願望を持っていた。しかし官兵衛は人を欺く、殺害する、主家を裏切るなどの陰謀をもってしてまで身を立てるような下克上の戦国武将などには到底なれない性分である。世の戦国大名の多くは武略、陰謀と絶えず合戦という大量殺戮を経て成り上がってきた。官兵衛は終生人を殺害したり陰謀や裏切りを嫌い、我欲を慎む武将としてこの乱世において特異の性質を持つ武人であった。評定は官兵衛に飛翔する機会を与えた。官兵衛は、これまでの天下の情勢を分析した結果の主張を示したのであった。

重臣らは近隣の大国毛利氏への思いが強く、尾張という遠国出身の新興勢力の苛烈さを危険視して、官兵衛の主張した意見は仲々受入れられなかったが、結論として政職は官兵衛の説を承認し織田氏へ属すべしと判断した。

政職は「織田方帰属の挨拶に岐阜へ行く者はおらぬか」と重臣らに問うが、彼らは領内ばかりにいて外に出たこともなく、このような大任を果せる弁舌能力もない。自ら名乗り出る者は誰もいない。皆は官兵衛を推挙した。それに応えて官兵衛は「皆様方が使者を受けたくないと申すならば私が参りましょう」と申し出た。かくて官兵衛は小寺家の正式な使者として岐阜の信長に参候する運びとなった。

官兵衛は信長の進取の気風、即ち天下を観望する能力、鉄砲を主戦力とする新しい戦術、キリシタンを通じた異国文化への興味、新興勢力であるが故に人材の登用は年功序列ではなく業績を挙げた人物に相応の評価をして地位と領地を与えたこと。経済政策としての楽市楽座の制度や関所を廃し通行の自由を与えたことなど、これまでの中世的な旧体制を打破し新時代を招くに相応しい為政者として共感するものがあった。しかし、これらは官兵衛が直に信長に接して得た事柄ではなく情報や風聞によってもたらされた知識でしかない。信長の苛酷さ、気性の烈しさや諫言を聞く耳を持たないなどの負の部分は、彼の実績の陰に隠れて表面に仲々現われないことから官兵衛はこの時点では正確には把握できない部分もあった。岐阜城に入り信長と会見できることは城内の雰囲気やその人となりを観察できる機会を持つことにもなった。

使者として突然信長に伺候する訳にもいかない。見参の手続きは官兵衛の裁量となったが、信長本人は勿論、その重臣らにも面識や手掛りを持たない立場である。「黒田家譜」では秀吉を介して信長と直談したと記しているが岐阜城における会見の前後の記述は省かれている。はたして聡明な官兵衛はどのような行程を計画し目的を遂行したのであろうか。官兵衛を主題とする物語等はこの間の行跡を種々設定し多様な解釈をしている。

「黒田家譜」や諸説を推察して次のように仮説を述べることにする。この時点、織田家中と唯一接点があるのは隣国摂津の荒木村重である。官兵衛は伊丹有岡城に飛脚を走らせ訪問の許可を得て姫路を数名の家臣と共に出発した。村重は好意をもって官兵衛一行を迎えた。将来信長が西国に進出し毛利氏と対決するとき播州を制して最前線を置くことになる。播州進出の際は、隣国摂津を領する村重がその総指揮官になるであろうと官兵衛は見込んでいた。村重自身もそれを願望していた。村重は織田氏に属して日が浅いが、織田家中の人物や仕来たりは心得ている。信長の文官で信任が厚い岐阜の武井夕庵に使いを送り官兵衛訪問の件を問い合わせてくれた。信長の許可が下り、即来訪せよとの返書が夕庵から届いた。官兵衛一行は村重に感謝し有岡城を辞して岐阜に向い、七月下旬ようやく岐阜に到着した。

文官の夕庵は先頃信長の推挙により二位法印に叙任されていた。織田家中の内政を仕切る夕庵は将来西国方面を担当する指揮官は秀吉になるだろうと予測していたので、播州の小寺家の帰属挨拶には秀吉を介添役に選任して来訪を待っていた。

織田家と毛利家の接触は永禄一二年（一五六九）に毛利家の使僧安国寺恵瓊が元就の命を受け、織田軍の播磨・但馬方面への派遣要請をしたことから始まっていた。毛利家・織田家双方共に敵対する隣国の勢力に相互の力関係を利用しようとする思惑があっての交渉であった。信長は将軍義昭の二条館を警備する役目の京都奉行を務めていた秀吉の任を解き、播磨・但馬の諸城攻撃の一分隊として出軍させた。秀吉は現地でひと合戦したところで岐阜に呼び戻され伊勢方面の戦場に参加させられたころの時期に当る。

その後天正元年（一五七三）に恵瓊を含む毛利家の使節団が信長を再訪したときは織田家の接待役として朝山日乗と秀吉が担当した。この時に恵瓊が毛利家に送った書状が世に名高く知られている。「信長の代は三年や五年は持つであろう。来年あたりには公卿にでも成るものと思われる。左候てのち、高転びにあおのけに転ぶようなことになると推察される。藤吉郎さりとてはの者である」と恵瓊はこの時点で織田家を観察していた。毛利家と秀吉はこの様な関わりを持っていた。さすがの官兵衛も毛利家と織田家の交渉については情報を得ていなかった。

官兵衛は夕庵から介添役として秀吉を紹介された。官兵衛は荒木村重が介添役となり夕庵を介して信長と会見するものと思っていたが、織田家の実情を知る夕庵は対毛利家外交を担当する秀吉を介添に選任していた。官兵衛は秀吉宅を訪問し織田帰属の挨拶と信長への申次ぎを申請した。ここに希代の知恵者の両者の初の出会いがあった。官兵衛の説く中国情勢と将来の見通しについての熱弁に感服した秀吉は、さっそく信長への拝謁の許可を取り付けてきた。

この頃、信長は六月末上洛し諸国の有力者の祝賀を受け、七月に宮中参内を果たして七月一七日に岐阜に帰着していた。岐阜城は稲葉山の上に城塞として存在していた。信長は山麓に四層の居館を築き、ふだんはここで起居し政務を執っていた。官兵衛は案内役の夕庵と介添役の秀吉に伴われて居館の一室で座し信長と対面した。秀吉から概略話を聞いていた信長は官兵衛に向って子細を述べよと問うた。官兵衛は織田方帰属の経緯、播州の情勢、今後の対処方法について論じた。「中国を制しようと思えば織田家の侍大将一人を播州に派遣してください。そうすれば小寺家はその先手を務めます。姫路は播州の中央に位置し平地で交通の要路でもあります。明石城の明石左近、高砂城の梶原平三兵衛らは毛利の威力を恐れ、その去就を決めかねている。大将を派遣されれば彼らは相次いで味方に帰属するでありましょう。志方城の櫛橋左京進は私の縁者であるから異議はない。三木城の別所小三郎長治は毛利方である。播州では小寺と別所が大身の主であるから、これを攻略するには多少手間が掛かるであろう。別所氏と同じ様に佐用城の福原助就、上月城の上月十郎景高らは毛利方であるが容易に攻め落すことが出来よう。播磨国は上方と毛利家との国境であり、播磨を手に入れれば毛利征伐が容易に進むでありましょう」と播磨進出を促した。信長は「その方の申すところと我が方の見方に少しも相違ない。そこにいる藤吉郎秀吉を播州に派遣する。その方が申すように播州が手に入らなければ毛利家の征伐はし難い。先ず播州を平げることが第一である。播州に味方する者がなくてはその功成り難し。その方に播州の案内役を依頼する。中国進出の軍略、作戦は藤吉郎秀吉とよく談合せよ。中国攻めには汝を先手とする。毛利家征伐に難儀するときは信長自身が出馬する。東国の押えには徳川家康がいる。この五月長篠の合戦で武田勝頼を破ってから関東はみな我が武威を恐れ旗下に入る者も多いので東国の気遣いがなくなった。しかし北陸や畿内に抵抗する者があり、これを処遇してから藤吉郎秀吉を派遣する。よって汝は播州に帰りその用意をしておけ」と告げ、御太刀一腰を与えて広間を立去った。

この太刀は長谷部国重作の長さ二尺一寸四分の銘刀で「圧切り」と称されて信長が珍重する中のひと振りであった。圧切りの由来は、ある時信長が管内という者が不始末をしたので成敗しようとしたところ、管内は厨房に逃げ膳棚の下に隠れた。信長は膳棚の下に刀を差し入れ圧しつけただけで管内の体は二つに切り裂かれていたことから名付けられたという。説明者は稀代の名刀であると得意気に教えてくれたが果して官兵衛はその様な由来の刀を喜んで拝領したかどうか。

この時期、信長にとっては西国・播州方面の進出はまだ急いで事に当る程のことではなかった。当面の課題は畿内に残る反織田勢力と石山本願寺の顕如を宗主とする浄土真宗（一向宗）との対立、越前では朝倉旧領の門徒衆の蜂起、更に北陸の上杉謙信の南下対策など多方面に兵力を要していた。

信長は石山本願寺の顕如を支援する毛利家を播州で遮断する戦術を説く官兵衛の弁舌に共感するものがあり、織田方の働きかけでなく彼方から帰属を申し出て播州の情勢分析を語る官兵衛を、その才能と人格にただ者でない資質の持ち主であると感じ取っていた。遠国から来た家老の身分の者に対し初対面ながらもその場で即帰属の許可を与える判断が下せるだけの対話があった。官兵衛は帰属許可のお礼を述べ、圧切りを拝領し居館を辞した。

官兵衛一行は一足先に居城に帰った秀吉のいる長浜に向った。織田軍の播州派遣の総大将を任命された秀吉とよく談合せよと命ぜられたからには介添役の御礼旁今後の対応を協議する必要があった。浅井氏滅亡のあと、信長は秀吉にその功を認め近江半国を与えた。浅井氏の旧領を得た秀吉は小谷城を廃し、琵琶湖のほとりの今浜を改め長浜と名付け居城を置いた。この時期城は完成直前の頃であった。この湖北の奥に黒田家の祖が住んでいた郷がある。

信長の戦慄するような、恐怖心を覚えるような言行に対し、秀吉は偉ぶらず、気さくな態度で人に接する性質を持っていた。官兵衛といえどもこの人の心を獲る才人に魅了された。大きな器量を持つ両者は忌憚なく西国情勢、本願寺の動向、織田家中の対応など現今の情勢や将来の展望について語り合い、互いに親近感を深めた。

官兵衛が秀吉のもとを辞して播州への帰国の途について間もなくの八月二日に竹中半兵衛重治が菩提山城から長浜城に戻り秀吉と再会した。数日の差で官兵衛と半兵衛の出会いは見送られた。

官兵衛一行は無事織田帰属の主命を果し、播州御着城に帰着した。城主小寺政職は重臣らと共に官兵衛と信長の会見結果の報告を聞いた。官兵衛は目の当りに見た岐阜城下の活況や治政と織田家の当主信長や秀吉らの人物は進取の気風が大であり帰属を申し出るに相応しい勢力であることを実証しており、選択の判断に違いのないことを強調した。やがて織田軍の西国進出が始まり毛利方との対決は避けられないだろうが織田軍が制すると確信できると結論付けた。政職は官兵衛の働きを労い「対外交渉は官兵衛をおいて他にない。織田方との交渉を頼む」と一任するのであった。官兵衛も自ら主張した織田氏帰属であり他の重臣では為し得ない事案であることを承知しており、今後の行動への責任感を重く受けとめるのであった。

官兵衛が岐阜を去ってからしばらくして、信長の下に越前に一向一揆衆が騒がしいという知らせが入った。越前国は朝倉氏滅亡のあとに朝倉景鏡や前波吉継らを配し明智光秀に目付役を命じていたが配置された朝倉家の旧臣らに争いが生じ、世上騒乱の状態となってきた。混乱に乗じて加賀と越前の一向衆は石山本願寺の顕如から派遣された下間頼照を大将として一向一揆を起し、越前を支配しようとして各地の支配者を追放していた。

八月一二日信長は三万余人を率いて岐阜を出陣した。一揆勢は近江の国境近くまで立籠っていたが織田軍の前には非力であり、織田軍は僧俗男女悉く殺害し兵を進めた。八月一五日の戦い始めから一九日までの間に報告された殺害者だけでも一万二〇〇〇余人とされたが、生け捕りと誅伐を合わせ三、四万人に及ぶ殺害があったと見なされた。下間頼照も浮浪者に変装して山の中に逃亡したが捕らえられて誅された。

信長は八月二三日一乗谷、二八日豊原、九月二日北庄と陣を移しこの地に築城することを命じた。信長の徹底的な殺戮に恐怖し一揆衆は皆逃げ去り抵抗する者はなくなっていた。信長は戦後処理で越前八郡を柴田勝家に与え国守とし北庄に置いた。大野郡の三分の二を金森長近（法印）、三分の一を原彦次郎（長頼）に与えた。府中には不破光治、佐々成政及び前田利家の三人を入れ二郡を与えた。この三人は勝家の目付役とした。越前統治は勝家が行う。信長の指示は勝家に行き、勝家は越前の諸将に命令を出す仕組とした。信長は九ヶ条の掟書を三人の目付役に授け越前の仕置を示し、加賀一向衆と北方から進出する上杉氏への防備体制を強化した。

明智光秀には丹後・丹波の平定に向わせた。そして織田軍の主力は九月二三日北庄を発って二六日岐阜に帰陣した。秀吉も長浜に帰着した。

一〇月三日奥州に買い求めていた鷹五〇羽が信長のもとに届いた。信長は二三羽を手元に置き、他を家臣に与えた。一〇月一〇日鷹一四羽を持って上洛のため岐阜を発した。その日は垂井に宿した。翌日近江の柏原に出た所で公卿の三条氏・水無瀬氏の出迎えを受けた。一二日完成したばかりの瀬田の唐橋を見物、この辺りから逢坂・山科・粟田口あたりまで五摂家・清華家など高位の公卿衆を始め、多くの有力者が出迎えていた。朝廷も信長の威勢を認めざるを得なくなっていた。信長一行は京に入り宿舎の二条妙覚寺に到着した。

秀吉はこの信長上洛の件を認めた書状を御着城の小寺政職宛に飛脚を走らせていた。宛先を官兵衛でなく政職にしたのは城主に対する配慮であった。秀吉は信長上洛中に政職の謁見を勧め、併せて播州の有力大名である別所家・赤松家への勧誘も依頼していた。この両家には信長から私書を出しているので説得は容易であろうと述べてあった。政職は困惑してしまった。拝謁となれば織田氏帰属と腹を括らねばならない。官兵衛を岐阜まで使いにやってもまだ決断するに至っていないところがあった。官兵衛は政職の上洛を説得し、別所家と赤松家を訪れ上洛を勧誘し同意を得て、三家同時に揃って拝謁する手筈を整えた。政職も三家同時拝謁という策に渋々ながら承知をした。かつて播州の三勢力として、互いに闘争を続けていたのが織田家の勢力増大化に伴って共に上洛する運びとなった。

赤松家の当主は二年前に政秀が亡くなって一四歳になる広秀が継いでいた。別所家の当主は一八歳の小三郎長治である。後見役として叔父の山城守賀相とその弟の孫右衛門重棟の二人が、先代長勝が一四年前に急逝してから執政として政事を仕切っていた。兄賀相は毛利贔屓であり、弟重棟は織田贔屓で三木城の政論は二つに分かれていた。長治に家中を統制する能力はまだ育っていなかった。別所孫右衛門重棟は永禄一二年正月、三好三人衆が将軍義昭を襲撃したときに織田方の救援として兵を率いて上洛して以来、将軍を支援する織田軍の奮戦振りを見て織田方へ好意を持つようになっていた。この頃義昭は各地の有力大名に御教書を乱発して将軍への支援を求めていたが播州の別所氏にも届いていた。別所氏は将軍の御教書が届いたということで感激して、その求めに応じ重棟に兵を付けて上洛させたのであった。この度の拝謁の件は重棟の意見が強く出て兄賀相もやむなく同意したのであった。

官兵衛は三家の意向を取りまとめ上洛の段取りを計画した。各家は各五〇人のお供を付け明石で待ち合わせて、三家揃って京に上った。

一〇月一九日信長のもとに出羽米沢城主の伊達輝宗から名馬二頭と鷹二羽が送られてきた。二頭の馬は「がんぜき黒」「白石鹿毛」と銘があり、とりわけ白石鹿毛は乗り心地がすばらしい駿馬で信長は「龍の子」だと歓喜した。伊達家の使者二人を清水寺に案内し信長自ら饗応にあたった。信長は伊達家への返礼として虎皮五枚、豹皮五枚と緞子一〇巻、千々良二〇反を与えた。これらの品は堺から取り寄せた輸入品であり貢物より数倍高価な品物である。使者には黄金二枚を与えた。信長には天下の覇者としての権威と財力を示すことと伊達氏の心を獲り越後の上杉氏を背後から牽制しようとする意図があった。

その翌日の二〇日、播州の赤松・小寺・別所の各城主と供廻衆が信長の宿館妙覚寺に参上し、秀吉を介添役として信長との対面が行われた。前日の伊達家の使者に対するような饗応はなく簡単な謁見で終ってしまった。信長のこの扱いに政職は拝謁のあと官兵衛に対し不満足の意を洩らすのであった。確かに官兵衛も同意せざるを得ないような拝謁の儀であった。信長にしてみれば翌日に大きな行事が控えており播州衆への相手は片手間のようなものであった。

二一日、大坂石山本願寺との和睦の儀が行われた。本願寺の顕如は信長に和解の祝品として小玉檻・枯木・花の絵三軸を贈呈、仲介役の三好笑岩も高名な三日月の葉茶壷を献上し、長年の攻防を繰り返していた本願寺との争いが休戦となった。信長は一一月四日に朝廷から権大納言に任ぜられ、七日には右近衛大将を授けられた。

戦いを離れて過ごしていた京都の信長のもとに、武田勝頼が岩村に進出して来たという知らせが届いた。信長は急拠一一月一四日京を発ち翌一五日岐阜に帰着した。信長の嫡子信忠が先陣となり攻撃に向い勝頼を追い返した。岩村城に河尻与兵衛を置き二四日岐阜に帰陣した。この度の働きが認められて信忠は秋田城介の官位を授けられた。二八日信長は家督を信忠に譲り佐久間信盛の私邸に居を移した。

英賀合戦

天正四年（一五七六）官兵衛三一歳、この年信長は一月中旬より安土城の着工を始め、二月二三日安土の仮館に移り住んだ。四月上洛し妙覚寺に滞在しているとき、石山本願寺の顕如は三度目の決起をし信長に反旗を翻した。四月一四日信長は荒木村重、細川藤孝、明智光秀及び原田直政の四将と畿内の諸将らに大坂入りを命じ、本願寺を取巻く砦の配備を指令した。五月三日配置された部将らが本願寺の四方から攻撃を始めたが、本願寺側の一万五〇〇〇ばかりの僧俗の門徒衆と三、四〇〇〇挺の鉄砲の攻撃を受け原田直政は討死、明智光秀の天王寺砦も取り囲まれてしまった。特に雑賀衆の鉄砲隊は織田軍を苦しめた。京にいる信長のもとにこれらの情報が入り、五日信長は供廻りの一〇〇騎ほどで急拠若江城に駆けつけ陣頭指揮をとった。七日織田軍の兵は三〇〇〇人ほどしか集まらないが住吉口から攻撃を始めた。この時先陣を荒木村重に命じたが村重は我らは木津口へ向いまするといって信長の命を拒否した。かつて信長の命は絶対的なもので拒否する者などなかった。信長は村重に木津口行きを許可したけれども不快感が残った。第一陣は佐久間信盛・松永久秀・細川藤孝、第二陣に滝川一益・羽柴秀吉ら、第三陣に馬廻衆と決め、信長自ら先陣の足軽と共に攻撃を始め、天王寺砦を囲む衆徒らを追い出し砦衆を救出した。さらに合戦を進め本願寺の城戸口まで追い詰めた。ここまでで首数二七〇〇余を討ち取った。信長も足に銃弾を受けていた。信長は一気の攻略を中止し本願寺周辺一〇ヶ所に砦を設けて諸将を配置し、交通の遮断をして兵糧攻めの長期戦とした。六月五日戦いを休止して若江城に泊り翌六日妙覚寺に戻り七日に安土へ帰着した。

信長が石山本願寺の門徒衆と戦っている頃、播州にも異変が生じていた。毛利輝元は浦兵部丞宗勝を将とする毛利水軍五〇〇〇人を海路播州の英賀に上陸させ姫路を攻めようとしていた。

播州英賀城は夢前川の河口にある英賀の浦近くにあり、姫路とは一里半ほどの港町を本拠地にして「広千軒」と呼ばれ賑わっていた。英賀の浦辺りは元来瀬戸内海水軍の要地であり、各地の軍船の出入りがあって物資や人の交流も盛んであった。この地に水軍出身の三木氏が定着し英賀近郊の田園地域をも支配するようになり、市川の河口の飾磨港近くや陸内の町の坪などに要害を構え英賀城で領内を治めていた。英賀領内には一向衆徒が多く当主の三木通秋は本願寺に兵と物資を送り顕如を助けていた。本願寺と敵対する信長は仏敵である。英賀城では別所・赤松・小寺の三家が信長に拝謁したことは直ぐに伝わっていて、別所と赤松は信長に拝謁はしたが毛利との誼は続けており両属の態度を取っていることも承知していた。英賀城としては小寺が信長方として近隣で敵対することに脅威を感じていた。また三木氏は瀬戸内海水軍の誼から毛利方に属していた。

瀬戸内海の水軍は村上水軍の力が強大であり大方は毛利方に属していた。村上水軍は毛利家当主輝元の後見人を務める叔父の吉川元春に指揮権があった。

この頃、毛利と織田の対外交渉も不調となっていた。織田方が陰から支援する尼子氏との山陰での戦いに毛利軍は兵を送り尼子氏滅亡を図っていた。又備後の鞆の浦に流れ着いた足利義昭が信長討伐の働きかけを行っていた。更に本願寺の顕如も毛利氏に支援を要請していた。毛利と織田との対決の時期が醸成されつつあった。

英賀城の三木通秋は隣国小寺氏が織田方に帰属したことによって、本願寺の支援や毛利方に属する立場から身の危険が迫って来たことを毛利家に通報した。毛利家は当主輝元を二人の叔父吉川元春と小早川隆景の両川が支えていた。弟の隆景は慎重な性質であり、兄の元春は積極的で行動的な性質であった。元春は三木氏の通報を受けて播州における織田氏の芽が大きくならない内に取り除く必要があると思った。陸路で兵を出すには備前・備中・美作を支配している宇喜多直家の領地を通らなければならない。奸雄の直家は表向きは毛利氏に従順しているが、毛利か織田か帰属を明確にしていないので宇喜多領を通過するには危険性があったうえに多くの日数を要するため大きな負担を要した。又播州の小城一つ落すのに毛利家を挙げての大きな軍団は必要なかろうと思ったかも知れない。それと播州の諸豪族に対して毛利家の威力を示し織田方に走ることを牽制する目的で出兵したのかも知れない。元春は自己の指揮下にある毛利水軍を輝元の名のもとで英賀城に派遣することに毛利家としての対応を執った。

英賀領内が騒がしく、海上に毛利の船団がひしめいているとの情報が姫路城の官兵衛のもとに届いた。かねて隣領の英賀城を警戒はしていたが、この様な形で攻めて来るとは官兵衛も予測していなかった。官兵衛は御着城の政職のもとに駆け付け情勢を報告し対応を協議した。御着・姫路二城合わせても戦力は二〇〇〇人ほどであり五〇〇〇の毛利軍と英賀勢の敵とは兵力に大きな差がある。籠城し守りを固め日を長引かせ織田方の援軍を待つ戦法が選択されるのが通常である。敵方も姫路城を目指して攻撃するつもりで段取りしていた。官兵衛は「味方の小勢が敵の大軍を破るには敵の虚を突いて激しく攻撃を掛け、一気に追い散らすことである。敵は大軍であるゆえに油断して小勢の当方から攻めて来るとは思っていないだろう。敵が攻めて来る前に当方から必死になって打って出ましょう」と政職に説いて了解を得た。そして官兵衛は政職に御着の兵五〇〇〇人の派遣を要請し、姫路衆五〇〇〇人と合わせ一〇〇〇〇人を攻撃用とし残りの一〇〇〇人ほどは城の固めとして残した。さらに姫路城下の百姓ら領民を集め、旗指物・陣貝・陣太鼓を持たせ擬兵団を編成した。祖父重隆以来黒田家の慈愛を受けている領民は今や一軍の将に成長した孫の官兵衛の呼びかけに喜んで大勢駆け付けて来た。官兵衛は彼らを城の周辺に配置した。擬兵団は戦闘に参加せず、合図を待って大軍の後詰めがある様に大喚声をあげ旗指物を振り陣貝・陣太鼓を打ち鳴らす様に指示した。

毛利水軍と英賀衆は大軍であることに気を緩め、姫路の小城などたやすく攻め落せるだろうと思っていて、上陸してからの行動も緩慢であった。五月一四日、官兵衛は一〇〇〇人の兵を率いて敵の陣地を急襲した。皆必死に敵陣を駆け廻り斬り捨てにして突撃した。敵が退勢になったところで官兵衛は攻撃を一時停止し一息入れ再攻撃を命じた。攻撃が緩んだところで敵は向って来た。官兵衛は再攻撃と共に擬兵団に合図を送った。擬兵団は一斉に喚声をあげ、旗を大きく振り、陣貝・陣太鼓を高らかに鳴らした。敵は目前の強力な兵のうえに更に大軍の後詰めが迫って来るものと思い浮き足立ってしまった。毛利軍は大きな犠牲を避けて退却を始め、浜に逃げ帰った。官兵衛は深追いを止めさせて兵を姫路に返し、次の対策に取り掛った。しかし敗走した毛利軍は再び攻撃を仕掛けることはしなかった。翌日毛利水軍は英賀湾を去っていった。官兵衛は終戦を確認し御着城の政職に戦勝報告をした。政職はすぐ勝報を荒木村重に送り信長への伝達を依頼した。村重から届いた播州の小寺家の注進状を見た信長はその朗報に大層喜んだ。

この時信長は石山本願寺の門徒衆との戦いで足に鉄砲傷を負いながら前線を駆け廻り織田軍を指揮していた。ようやく抵抗する本願寺勢を城内に追い込み、本願寺周辺に砦を築いて封じ込めようとしている時期であった。信長はさっそく政職宛に感状を書いた。感状に加え村重宛に書状を添えた。その書状には「官兵衛尉、別して精を入るるの旨然るべき様に相心得、申し聞かすべく候なり」(五月一六日付)の文言が入っていた。「官兵衛は特別精を入れて働いたという。そのつもりで念を入れて褒めてやるように」という意である。信長はこの度の働きは官兵衛の指揮による手柄であると確信していた。前年夏に謁見した官兵衛の記憶は残っていた。村重は信長からの感状と村重が信長の意を酌んで官兵衛宛に認めた書(五月一八日付)を家臣の築山市兵衛に持たせ御着城に届けさせた。官兵衛の名は一躍播州に伝えられていったが、御着城では城主政職や老臣らは今回は毛利勢を退散させることが出来たが、いつ再攻されるかと不安を募らせるのであった。

毛利家は水軍を播州の地に派遣して姫路を突いて退却させられたが、播州を威嚇する目的は果し播州の諸豪族に動揺を与える効果は得られた。このあと毛利家は遊説の使者を各地に廻らせたり、書状を送付したりして反織田親毛利を説いた。「近年織田家は大した威勢であり、頼りたくなる気持ちも分らぬことでもない。しかし信長をどのような人物と思っているのか。利のためには肉親を殺し親族をも殺し、その国を奪うような残忍酷薄で非道の人物である。それに喜怒激しく昨日まで可愛がっていた家臣が今日は殺害されるようなこともある。譜代恩顧の家臣といえども一日として安心して過ごすことができない。あなた方新しく仕えようとする者にいかほどの力を貸そうというものか。なにを頼りに織田に帰属するのかよく考えて見よ」と説伏した。

確かに信長は尾張時代において、弟信行や叔父信光を謀殺し、義父の道三の斎藤家を追い出し美濃を奪い取った。また妹婿の浅井長政を滅亡させ北近江を獲った。比叡山の僧俗男女及び伊勢長島や越前の一向衆徒の焼き打ち、数万人の大量虐殺などの行為は世に広く知られていた。毛利の使者は織田家に帰属してもやがて彼らと同じ様な道を辿るようになるだろうと説いて廻った。毛利家の説得戦術に対し元々毛利贔屓の播州の豪族らは毛利方へと心を動かし始めた。官兵衛にもこれらの情報は入ってきた。毛利の説に一理はある。しかし乱世の時世を強力な支配者のもとに統一国家とし戦乱のない世にする統制者として信長を選択しているのである。官兵衛自身が主家を凌いで主家を獲り、近国を侵し領国を拡張するという戦国の世の常である下克上の世界とは無縁の律儀さで小寺家に仕えてきた。小寺家の安泰のため最善の活動として織田家帰属の道に進んだのである。周辺の豪族はおろか御着城主の政職までもが毛利に靡きかねない恐れがあった。官兵衛は秀吉に現下の情勢を記した書状を送り織田の軍勢の速やかな派遣を要請するのであった。

一一月四日信長は上洛し妙覚寺に寄宿した。一二日赤松広秀と別所孫右衛門重棟に連れられた別所小三郎長治それに浦上氏の三家が妙覚寺を訪れ歳暮の挨拶を行ったが、小寺政職は官兵衛の進言を聞き入れず一行に加わらなかった。政職は「わしは田舎のみに居て、膝を屈して君臣に仕えたことがない。官兵衛の才覚でもって信長に対応してくれ」というのであった。

一三日信長は正三位に叙せられ、二一日には内大臣に任官を進めた。二五日安土に帰り一二月は尾張清洲で鷹狩をして過ごし、岐阜で越年した。

天正五年（一五七七）官兵衛三二歳、信長は一月二日に安土に帰り、一四日に上洛し妙覚寺に宿泊した。近国の諸将が年賀の挨拶に訪れたがその中に別所長治の名もあった。別所氏は歳暮と年賀に訪れ織田家に従順の態度を取っていた。

信長は一月二五日安土に帰り、紀州雑賀衆を攻めるための出兵の触れを各地の織田方に出した。二月九日再上洛し各地の兵を待った。尾張・美濃・近江・伊勢の他、越前・若狭・丹後からも続々と京に参集した。別所家も孫右衛門重棟に導かれて長治が兵を率いて参加していた。二月一三日織田軍は京を出て雑賀衆攻撃に向った。雑賀衆の砦を次々に落し、三月一日鈴木孫一の居城に攻め寄せた。遂に力尽きて鈴木孫一ら雑賀衆の頭領七人の連署で降伏を申し出た。信長はこれを許し織田に帰属することを申し付けた。

この頃、官兵衛は毛利家の使者が播州の諸城を巡り毛利帰属を説く工作に対して諸豪族らは動揺し始め小寺氏は孤立状態となること、また政職自身もいつ毛利方に変心するかわからないような状態を憂え、秀吉に播州情勢を書状で報告し、織田軍の早期派遣を要請していた。官兵衛は直に秀吉に要請しようとして長浜に出かけたが、この時期秀吉は留守であった。留守を預かっていた信長からの寄騎として秀吉に付属されている富田平右衛門（のちに左近将監）に播州の情勢を知らせ、軍の早期派遣を要請して帰国した。秀吉は六月二三日付で官兵衛宛の書簡に「富田平右衛門との面談の件承知した。今後も忌憚なく申してくれ」と記して謝意を述べた。

七月三日安土の信長のもとに再び伊達輝宗から鷹が届けられた。京から遠い奥州でも信長を天下を獲る人と認めており、伊達氏は奥州探題の地位を固めるべく動いていた。信長も北方から上杉氏を牽制する同盟者を必要として鄭重な扱いをした。

同じ頃、隣国出羽の谷地城主白鳥十郎長久も信長に名馬を献上して、信長から七月一五日付の返書と御礼の品物を授かった。緞子（布）三〇巻、千々良三〇反、紅五〇斤、虎皮三枚、豹皮二枚、猩々皮二枚と珍品高価な品々を与え、鷹狩用の鷹を所望し天下人の権威を示し、織田方帰属を願う者に過分な対応を取った。白鳥十郎長久は山間地の豪族から豊饒の田園地に進出して城を構えた新興の勢力で、山形の最上義光と米沢の伊達輝宗の和睦の仲介役としても活躍していた人物である。信長の権勢はこの様な遠い田舎の豪族まで及んでいた。

官兵衛の播州出兵の依頼を受けた秀吉は信長に上申するのであったが時期早尚として退けられていた。秀吉は官兵衛に慰留の書簡を送り絆を深めていた。七月二三日付秀吉の書簡が世に知られている。「其方のぎ（儀）は、われら弟の小一郎めどうぜん（同然）に心やすく存じ候」「なに事をみなみな申すとも、其方ぢきだん（直談）をもって、せじ御さばきあるべく候」誰かが何事か中傷しても、その方とわしが直談して物事を決めていきたい。「せじょ（世上）からは、御両人の御ちそう（馳走）のやうに申しなし候まま」世間ではその方とわしについて何かと風説を流すだろうが、「其方も御ゆだん（油断）とてはいかが候間、御たいくつ（退屈）なく、せじ（是非）御心がけにて御ちそうあるべく候」その方も油断なく退屈なく、ぜひ心掛けて励んで欲しい。「なをなを、其方と我等間がらのぎ（儀）は、よそより人々さげすみもあるまじく候間」その方とわしの間柄は他の人があれこれいうこともないような間柄である。「よそよりのひたち（非太刀）あるまじく候。人もはやみおよび（見及び）候」よそから非難されるような仲ではない。他人はみな二人を親しい仲にあると見ていると思う。「我らにくみ申者は、其方までにくみ申事あるべく候、其心得候て、やうじん（用心）あるべく候」わしを憎む者はその方も憎むようになることもあろうから用心すべきである。最後の文に「此文みへもすまじく候間、さげすみ候て御よみあるべく候。以上」と文のつたなさのことわりを入れている。秀吉の官兵衛に対する態度がよく現われている手紙である。秀吉は人の心を捉える名人である。官兵衛はこの様な人物に遭遇したこともない。若い官兵衛は秀吉を心から信頼できる人として受けとめていた。

松寿人質長浜預け

閏七月越後の上杉謙信が越中・加賀・能登を支配地とするため越後を出陣した。一方越前まで進出し更に加賀へ進攻する段階にある織田方にとって、謙信との対決は避けられないこととなった。越前にいる北陸方面の総大将である柴田勝家は加賀・能登で謙信と対決すべく信長に応援の兵を要請してきた。最も恐れていた謙信の進出に対し信長は要請に応じて援軍を派遣した。秀吉も命じられて自軍の四〇〇〇人を率いて北陸に出陣となった。そもそも信長が安土に移り城を築いたのも謙信の上洛をこの地で迎え撃つ作戦の一つであった。官兵衛が秀吉を通じて播州への派兵を要求してもこれまで派遣を見送っていたのに対し、この度勝家から要請されてすぐ派兵したのも謙信の脅威があったからである。

越前北庄に援軍を迎えた勝家はさっそく軍議を開き、上杉勢の進出を防ぐべく加賀・能登に全軍の兵を進めようと諮った。諸将に異存はなく皆賛同した。しかし、これに対し秀吉は加賀の手取川を要害として迎撃することを強硬に主張した。勝家は手取川で迎え撃つのでは遅すぎるとして秀吉の説を受けつけない。二人は興奮して激論となり、遂に勝家は秀吉軍など必要としない、帰れと激怒した。秀吉も憤然として席を離れ、兵をまとめて北庄を去った。夏の暑い盛りに越前まで行軍して一戦も交えず戦線離脱して長浜に戻ってきた。

八月八日勝家は上杉軍及び加賀の一向衆の征伐に出陣した。一方秀吉は長浜に兵を置き、安土の信長に報告に出かけた。信長は秀吉の戦線離脱という軍令違反に対し激怒し長浜での謹慎を命じた。

石山本願寺の押さえとして天王寺の付城に布陣していた松永久秀が上杉謙信の挙兵を契機として信長に反旗を翻し、八月一七日付城から兵を引き払い居城の大和信貴山城に子の久通と共に籠り謀叛を起した。信長は松井友閑を使者に出し慰撫したがいうことを聞かなかった。信長は人質の子供二人を京で処刑したあと、信忠に出陣を命じ久秀討伐に当らせた。九月二七日信忠は岐阜を出陣し翌日安土に滞陣した。

北陸では謙信は越中を平定し、加賀の一向衆と和睦を結び九月一五日能登の七尾城と周辺の諸城を落して加賀を南下し越前を目指していた。

柴田勝家は七尾城の救援要請があり上杉軍の能登進出を防ぐべく北上を進めていた。九月一八日勝家軍は手取川を越えたところで七尾城の落城を知り、更に上杉軍が目前に迫っていることを知った。上杉軍の追撃を受け勝家軍は総退却し多数の死者を出し越前北庄まで逃げ帰った。しかし上杉軍の追撃はなく謙信は兵を引きあげた。小田原の北条氏に不穏な動きがあり、今回の進出は越中・能登・加賀の三国征伐でよしとして越後に帰った。上杉軍の帰国を確認したところで信長は援軍の帰還を命じた。上杉軍の憂いが消え、信長は西国攻めの時機到来と決断した。信長は官兵衛宛に播州の諸豪族の人質を安土に求める書状を送った。播州では人質を送って織田方に帰属するほどの態度を示すまでに至っておらず、官兵衛はとりあえず御着城から先行して差し出そうとして城主政職に諮った。政職も人質を送るほどに織田方帰属に積極的ではない。その上小寺家には人質に出せるような適任の者がなかった。政職には一四歳になる嫡子氏職がいたが知的発達の遅い病弱な男子であり人質の役を務めるには難があった。渋る政職に官兵衛は自分の嫡子を出そうと申し出た。政職は難を逃れた思いで官兵衛に許可を与えた。官兵衛には婚姻の翌年に生れた当年一〇歳になる松寿一人しか子はない。一夫一妻を規律として側室も持たなかった。官兵衛は松寿を伴い九月二七日安土へ向け姫路を発ち、一〇月初め官兵衛父子一行は安土に着いた。

この頃安土は人々の出入に激しい動きがあり騒々しい最中であった。

北陸応援の織田軍は信貴山城の攻撃に向った信忠軍と入れ替わりに一〇月三日安土に帰陣した。一〇月一日安土を出陣した信忠軍は同じ三日に信貴山城を囲んでいた。長浜で謹慎を命ぜられて陰気な振舞で謀叛の疑いを掛けられるのを恐れ、逆に陽気に遊興の日々を過ごすことによって信長が勘気を解く日を待っていた秀吉も安土に呼び出され松永久秀攻めを命じられていた。

一〇月五日官兵衛は松寿を連れ信長に引き合わせた。信長は人質要求から半月後の素早い対応と一人子を手放す官兵衛の心意気に満足し、松寿を長浜に預け秀吉に養育することを命じた。そして信貴山城の松永久秀を落してから秀吉を播州に派遣すると伝えた。官兵衛は松寿を連れて長浜に帰る秀吉を船着場で見送り帰途についた。

一〇月一〇日夜、信忠は信貴山城に総攻撃をかけた。松永久秀は遂に弓矢尽き果て天守に火をかけ信長垂涎の「平蜘蛛の茶釜」を身体に縛りつけ一族と共に火薬を振りかけ爆死した。久秀が奈良の東大寺大仏殿を焼き払ったのが一〇年前（永禄一〇年・一五六七）の一〇月一〇日のことであった。この悪名高き戦国武将は信長への三度目の反逆で遂にその生涯を終えたのであった。信忠はこの度の働きによって三位中将に叙せられ一〇月一五日安土の信長に報告し一七日岐阜に帰陣した。

秀吉播州出陣

信長は松永久秀攻めを終えると毛利との対決を進めるべく明智光秀に丹波の平定を急がせる一方、北伊勢を統括する滝川一益に命じその傘下にある九鬼嘉隆率いる九鬼水軍に強力な艦隊と軍船の構築を要求した。軍船は鉄板で装甲し大砲を装着した「鉄甲船」の建造とした。

そして秀吉には播磨出陣を命じた。一〇月一九日秀吉は自軍四〇〇〇人を率いて安土を出陣した。信長は援軍を与えなかった。播磨の旗頭の別所氏が年末年始の挨拶に訪れたり、雑賀攻めに兵を出したりして織田方に誼を通じており、別所氏の動向に従う周辺の諸豪族も織田方に帰順するものと見て多くの兵を要することはないと判断していた。秀吉軍は途中四日間の行程で二三日播州に入った。別所家は明石に長治の叔父重棟を出迎えに出し、他の豪族も別所家に従い人を出し秀吉軍の応接に当った。官兵衛は国境の小さな宿場の阿弥陀村で秀吉を迎えた。行軍の労をねぎらい水・食料を用意して接待に当った。再三の要請にやっと出陣をした秀吉に謝意を述べ御着城下を通り過ごし姫路へ先導した。御着城下では接待の用意もなく城主政職も城内から姿を現わさなかった。秀吉は官兵衛の意中を察し何も問わなかった。

官兵衛は秀吉に姫路城の提供を申し出て「いま本丸は住み荒らして見苦しいので掃除をさせている、先ず二の丸の私宅に入って下さい」と姫路城に案内し二の丸に請じ入れた。やがて本丸の掃除を終えたところで本丸に移ってもらった。城下の屋敷も目録にして秀吉の重臣に渡し提供した。官兵衛は父職隆改め宗円の隠居城の国府山城に移るつもりでいたが、秀吉は二の丸に住むように求めたのでそこに居住することにした。

秀吉は官兵衛の処置即ち姫路城とその城下の屋敷の提供という徹底した帰順の態度に信頼感を深めていった。一方御着城の政職は官兵衛の行動と結果の報告に対し許可を与えて承認はしているが気分的に不愉快さを募らせるのであった。官兵衛の説くことは理路整然として道理にあっており理解できるのであるが、何かこの鋭利な家老の言動と秀吉軍の進駐に対し納得できないものがあった。官兵衛は政職に秀吉への挨拶を勧めたが行軍の迎えにも出ず姫路城にも出かけない。政職はこれまで主家というものを持ったことのない一城の主として過ごしてきた。いま織田氏という主家を持たねばならない。信長自身の出陣であればともかく織田家の足軽上がりの部将に対して赤松支流の名門・小寺家が頭を下げるような気分にはなれないでいた。官兵衛は再三御着城に登城し政職に説得を試みようやく応諾を得たが、今度は政職を取巻く老臣らが官兵衛と秀吉への反撥から姫路行きを止めたので元々行きたくない政職は約束を反古にして遂に顔を出さなかった。秀吉は政職に不信感を持ったが官兵衛の焦燥振りを見て問い質すことはできなかった。

かねて信長から求められていた播州の諸豪族に対する人質を差し出す件について、官兵衛は各地を巡り段取りを付けていたことから秀吉の播州着陣後数日にして秀吉のもとに参集した。人質としては一級品とはいえなかったが、ともかく諸豪族は織田家への忠誠を見せた。秀吉は官兵衛の働きに感謝し信頼感を深めていった。このような官兵衛の行動に対して秀吉配下の重臣の中に官兵衛を警戒する気運が生じてきた。「官兵衛は陪臣の身でありながら主君政職を差し置いての行動は曲事である。智謀の才のある人一倍の野心家で自分一人の栄達を狙っているに違いない」という論評が拡がった。官兵衛は油断のならぬ危険な人物という評価である。これに対し竹中半兵衛は官兵衛の人となりを理解しており、「皆様は官兵衛の優れた才智を警戒しているようだが、毒が変じて良薬となす、という喩えがある」と説き官兵衛に対する疑念を払いのけた。

竹中半兵衛三四歳、小寺官兵衛三二歳、この同世代の二人は共に頭が良く、冷静沈着、思考の回転が速く、洞察力と観察力に優れた知性を持っていた。両者は意気投合し肝胆相照らす間柄となり親交を深めていった。秀吉はこの稀代の智謀知略を持つ二人を配下に置く幸運を持ったのである。

官兵衛の諸豪族への説得行脚によって秀吉は一戦も交えることもなく、東播州が織田家に帰属するような形勢となった。秀吉は播州に兵を入れたことによって織田家の武威に諸豪族が従属したものと思い、信長に書簡を送り、「この分では一一月一〇日頃には播磨を平定して帰国できるであろう」と報告した。

秀吉は官兵衛の行動力を目の当りに見てその知略只人にあらずと感動し「われこの地に下り、ひとえに貴殿と諸事相談して指図を受ける上は、尋常の親しみにては互に隔心有なん。向後われと貴殿とは兄弟の親しみをなすべし。違変あるべからず」わしがこの地に来てそなたと諸事を相談して指南を受けているうえは、通常の親しみ方ではお互い隔心が出ることもあろう、今後わしとそなたは兄弟としての親しみを持つことにする。この約束を違背してはならない。と兄弟の誓約を記した誓紙を官兵衛に授けた。

秀吉は播州の動静を確認し、播州と接する但馬に兵を進め瞬く間に岩洲と竹田城を落し織田圏を拡げ、竹田城に弟の小一郎秀長を守将に置き姫路に戻った。

佐用・上月の戦い

ここに織田帰属を拒否する西播磨の二人の城主がいた。両方共山を隔てて備前・備中・美作を領国とする宇喜多直家に接しており、毛利家と和している直家を恐れ彼に帰属していた。

佐用城の福原主膳助就と上月城の上月十郎景貞（政範）である。福原氏は下野国那須党出身でのち播州に来る。もとの名を龍田太郎左衛門といい上月景貞の妹婿でもあった。上月氏は赤松の一族で景貞の妻は官兵衛の妻の姉で櫛橋氏から出ている。官兵衛もかねてより上月城に足を運び親交があった。官兵衛の説得に対し景貞は織田帰属を拒み続けていた。景貞は隣国の宇喜多家に対して臣従の関係にあり嫡男を人質として送り出していた。景貞は既に落城を覚悟しているようであり官兵衛は説得を断念した。官兵衛はこの両城は一気に落城させ織田家の戦闘力の強さを播州の諸豪族に示す必要があると考えていた。秀吉は本軍を上月城に向わせ、官兵衛と半兵衛にはそれぞれ一〇〇〇人の兵を与えて先鋒部隊とし、佐用城攻撃に当らせた。一一月二六日先鋒部隊は佐用城の三方を囲み城の一方を空ける布陣をとった。一方を空けて逃げ道を作っておけば城兵は決死で戦う気持ちが萎えて逃げ出すようになるだろうという戦術である。これは孫子の「囲師必蕨」という戦法である。半兵衛と官兵衛は孫子の書を承知していたのであった。先鋒部隊が城を囲むと城内から助就の兵一〇〇〇人ばかりが打って出てきた。官兵衛は願うところの幸いと思い部隊一丸となって助就軍に立ち向った。次第に助就軍は退き始め城内に引き籠って行った。

官兵衛は夜半過ぎに城の三方から鬨の声をあげさせ一斉に攻撃の再開を命じた。城兵は初め防戦していたが次第に持ち場を離れ、空けてある方に向い城から脱出して行った。明け方近くに、空け口から鎧武者二人と供の者数人が出て来るのを見つけた官兵衛方の竹森新次郎は二人を槍で突き落し首をあげた。この二人は城主助就の弟伊王野土佐と家老の祖父江左衛門であった。新次郎が首二つを持って帰ろうとしていると、近くで人の争う気配がしたのでその方面に行きよく見ると、元秀吉に仕えていて、のちに官兵衛のもとに身を寄せて陣借りをしている平塚藤蔵という者が数人の敵と戦っているところであった。新次郎は傷ついて動きが悪くなっていた平塚に声をかけ助勢し敵を追い散らした。平塚は武者一人を槍付し討ち取っていたが深手の傷で力がなく首を落すことができないので新次郎が代わりに行ってその首を平塚に与えた。この首は城主福原助就であった。

竹森新次郎の父は官兵衛の祖父重隆が姫路に流れて来たとき、借家を与え世話をしているうちに重隆の尋常ならぬ人柄を見て母屋を与え自分が家来となった新右衛門である。新次郎は父のあとを継ぎ黒田家に仕えていた。後年左手を負傷したので官兵衛は旗奉行の役を与えた。名を新左衛門・石見と改めた。

城主福原助就を討って一番の手柄を新次郎から譲られた平塚藤蔵はこの功によって秀吉への帰参を許された。のち平塚は因幡守と称して美濃で一万石を与えられたが関ヶ原合戦で石田方に付いて討死をしている。

平塚は官兵衛のもとに来て秀吉への再仕官を望んでいたので、官兵衛は手柄を立てさせてその望みを叶えてやろうと思い福原勢の逃げ道を前もって教えていた。平塚がその場に伏せていたところに城主一行が通りかかったのであった。平塚を助けた新次郎はことの経緯を聞いた秀吉から着ていた赤裏の羽織を褒美として与えられた。

この他黒田勢の中で野口藤九郎（晩年左助と号す）は一九歳の初陣で福原の家老神吉小伝次を討ち取り高名を上げた。藤九郎の父は浄金と号して官兵衛の談笑の友であった。のち藤九郎は黒田家の重臣となり長政・忠之に仕えた。妻は母里太兵衛の妹である。

佐用城は五〇〇人程の死者を出し、わずか一日で落城した。戦いの結果は信長に報告され、一二月五日付の信長の感状が官兵衛宛に発行された。官兵衛と半兵衛の指揮する先鋒隊は佐用城を落とすとすぐ上月城に向った。別所家から重棟の兵が加わって先鋒隊を構成した。上月城は山城で防禦が固くできていた。秀吉軍は城を包囲し敵の出方を待っていたところ、一一月三〇日隣国備前の宇喜多直家の兵三〇〇〇人ばかりが上月城の後詰として救援にやってきた。城内はこの援軍に力を得て城門を開き突撃してきた。この勢いに別所重棟隊が総崩れになりかかるのを見て官兵衛はこれに応戦し敵を追い詰めていった。敵の二陣が新手として現われ官兵衛隊に挑んできた。これを見た秀吉は本隊の兵を向け激戦となった。次第に敵を追い込み、城兵は多数の死者を残し城内に逃げ込んだ。宇喜多の援軍は傍観するにとどまった。秀吉軍は再び城を取巻き出方を窺った。数日城内に籠っていた上月勢では謀叛が起っていた。一二月三日家臣ら数名が城主上月景貞を殺し、城門を開き秀吉陣に現われ城主の首級を差し出して降伏と家臣の助命を願い出た。しかし秀吉は聞き入れず景貞の首級を安土に送り、城兵のみならず城内にいた女・子供二〇〇人余りの皆殺しを命じた。備前・美作・播磨の国境付近で毛利・宇喜多への見せしめに女は磔、子供は串刺しという残虐な処分がなされた。日頃見せる人情家の秀吉に信長直伝の残忍酷薄さの本性を見せつけられた官兵衛は愕然とする思いであった。しかし官兵衛が前もって秀吉に嘆願していた城主夫人と二人の子供は官兵衛に引き渡されて保護された。秀吉は信長の指示により、陥落させた上月城に毛利氏に出雲を追われ織田家に身を置いていた尼子勝久とその忠臣山中鹿之介が率いる尼子残党七〇〇人程を入れ姫路に帰陣した。

秀吉は佐用・上月の二城を落して播磨の平定が一段落したと思い、姫路に弟小一郎秀長を城代として残し兵を率いて長浜に帰った。信長に当初報告していた一一月一〇日頃の帰国予定から一ヶ月程遅れていた。官兵衛は上月城のわずかな守兵と秀吉の帰国に対し不安を感じた。秀吉は安土城に出頭し信長に報告しようとしたが、信長は鷹狩りに長期出かけ留守であった。信長は留守中に秀吉が来るであろうと思い、この度の働きを認めて「乙御前の釜」を与えるよう指示していた。信長は三河・美濃で鷹狩りを楽しんだあと、暮れには信忠と茶席を設け余暇を持った。秀吉は長浜に帰り留守中の家政を処理したり、兵を集める作業を指示していた。今後毛利氏と対決するには自軍の兵力増強が不可欠であった。

加古川評定

天正六年（一五七八）官兵衛三三歳、正月元日の朝、信長は安土で一二人の重臣を招き茶会を催した。信忠・武井夕庵・滝川一益・細川藤孝・明智光秀・荒木村重らの中に秀吉も加わっていた。柴田勝家は北陸、佐久間信盛は大坂にいて不参加であった。茶会のあと祝宴の席を設け正月を祝った。この祝宴の席上思わぬ出来事があった。荒木村重が信長から盃を受ける順番が回ってきた時、信長は何を思い付いたのか急に脇差を抜いて酒肴に出ていた饅頭を突き刺し村重の前に差し出した。一座の者は固唾を呑んで見守った。村重は一瞬戸惑ったが平然として両手を膝に置き、白刃の先の饅頭を口で銜え抜き取り、ゆっくりと食した。信長は村重の肝の太さを褒めてその脇差を与えた。信長にとっては新参者に対する衝動的な座興のつもりであったろうが、村重にしてみれば脇差を賞与として得たが不愉快な気分に支配された。信長は天正四年（一五七六）の石山本願寺攻撃の際、村重に先陣を命じたが拒否されて不快感が残ったことを思い出しこの挙動となったのであろう。

信長は一月中旬から尾張・三河に鷹狩りに出かけ一月二五日安土に帰って来た。その頃秀吉は長浜で兵を集めるために忙しく動き廻っていた。播州を支配するためには当面自力で押えなければならない。またいずれ毛利家との対決は避けられない。播州に再度下るには兵力を増強し織田家としての武威を示す必要があった。自軍を主力として新規の播州勢を併せ毛利家に当る方針であった。

　秀吉が播州を留守にしている間に、播州では多くの豪族間に不穏な動きが生じていた。官兵衛は秀吉に書簡を送りこの情勢を報告し早期の播州入りを要請した。秀吉は再度の播州入りの準備を整えて播州に入りすぐ加古川で軍評定を開く旨の触れを発した。官兵衛はこれを受けて各豪族に加古川参集を説いて廻った。秀吉は兵を増強し新たに編成した自軍七五〇〇人を率いて加古川の糟屋館に二月二三日到着した。糟屋の当主助右衛門武則は昨年秀吉の播州入りの時、秀吉に心酔しその旗本に加わることを願い出た。秀吉は彼の人柄と物腰態度を見込んで新参ながら小姓組の組頭につけた。羽柴家は新興の大名ゆえに人材不足であり新参でも要職に登用したのであった。糟屋武則はのち加藤清正らと共に賤ヶ岳の七本槍の一人となり、その後内膳正と称し一万二〇〇〇石の大名となっている。糟屋家は鎌倉幕府のころ相模の豪族であったが伯耆に領地を得て移った。その支族が加古川に渡り地頭となったという。加古川は明石から五里、播州の諸豪族の交通の便もよく最大勢力の三木城からも近かった。評定に出席するために各地から豪族がやって来たが、三木城主の別所長治と御着城主の小寺政職は姿を見せなかった。別所家からは長治の代理として別所山城守賀相と家老の三宅治忠が参加した。賀相は弟の重棟と共に長治の後見役を務め国政を補佐しているが、織田方に与する重棟より権力があり事実上賀相が別所家の家政を取り仕切っていた。

賀相は新興大名の織田家を嫌い毛利方に付くことを主張していた。

　糟屋館の大広間に播州の豪族四十数家が集まり評定が開催された。秀吉は正面の主座に席を取り賀相は豪族方の最上席に着座している。賀相はこの位置関係が示す如く、播州者が織田家に臣従することに不満を持つのであった。別所家は名門赤松の一族でありその血筋と家柄を誇り、戦国乱世に成り上がった百姓上がりの秀吉の指図などに屈従できるものではないという態度であった。一方秀吉は播州に対しては織田家の武威を示し力で服従させようとする方針を取って評定に臨んでいた。秀吉が賀相に発言を求めると、賀相は毛利の大国を説き軽々に戦を進めれば大事に至るであろう、毛利方の枝城を着実に落しながら務めるべきであると漸進論を述べた。秀吉は賀相の発言と態度に不快感を露にして「そなたらはわしの命を受け先陣を務めればよい。軍略はわしの胸中にあり、そなたらは指図に従えばよい」と語気鋭く言い返した。秀吉の威圧的な言葉に賀相は反論することなく無念の思いでその場を引き下がった。

　三木城に帰った賀相と三宅治忠は城主別所長治と重臣らを前に、加古川評定における秀吉の態度や播州衆に対する扱いに不満を述べた。「秀吉の言動はわれらを家臣の如く見下して傲慢な態度であった。これは信長の意を受けてのことだろう。信長はわれらを中国攻めの先鋒に利用して中国を征伐し、その後われらを滅ぼして三木城を秀吉に与えるつもりであろう。信長の心は秀吉の態度に明白であった。さればわれらは毛利家と手を結び秀吉と対決すべきである」と主張した。二一歳の当主長治は叔父賀相の強い意向に同意した。三木城では毛利家からの調略や本願寺の反信長の喧伝に加え、信長への不信感が高まり、ここに別所家は織田方に反旗を翻し対決することを選択した。

播州最大の大名の別所家の離反は直ちに播州の諸豪族に影響を与え別所家と行動を共にした。秀吉の織田家の威を藉りた強権的な態度は、これまで官兵衛が諸豪族を巡り説得し同意を得て加古川に織田方として導いてきた成果を水の泡に帰してしまった。秀吉は別所家の中で兄賀相と対立し織田方に留まった重棟を呼んで翻意を促す役目をいい付け三木城に送ったが重棟は強固に跳ね返されてしまった。

官兵衛も妻の実家の義兄・志方城の櫛橋左京進伊定を訪ね説得を試みたが、別所家には逆らえないと断られ志方城を退去した。義兄は途中まで官兵衛の身を案じて護衛の兵を付けてくれた。

織田家に離反した別所家は直ちに籠城の準備を始めた。同時に信長に密かに使者を送り「毛利家は大国の上に吉川元春と小早川隆景の名将が付いています。毛利との合戦は長くなると思われます。その為三木城の守りを固める普請を行いたく許可を願います」と口上を述べさせた。信長は別所家の離反とは知らずその許可を与えてしまった。

別所家は鉄砲・弾薬や米・味噌・塩などの兵糧を集め、空濠の整備や柵の取付けなど土木工事を行い籠城に備えた。別所方に与した小豪族は三木城内に入り別所家と共に戦う態勢を取った。三木城方は七五〇〇人程の戦闘力を持ち、秀吉軍と同等の勢力となった。中規模の豪族はそれぞれの城で守りを固めた。三木城の西方には神吉城の神吉民部少輔長則の兵一〇〇〇、志方城の櫛橋左京進伊定の兵一〇〇〇、高砂城の梶原平三兵衛景行の兵五〇〇、野口城の長井四郎左衛門政重の兵七〇〇、東方には淡河城の淡河弾正忠定範の兵一〇〇〇、南方には端谷城の衣笠豊前守範景の兵八〇〇が三木城の支城の役割をして攻撃に備えた。

書写山に本陣移す

秀吉は三木城とこれに連動する播州の豪族の動きを見て、官兵衛と竹中半兵衛と共にその対応策を協議した。三木城の包囲と毛利来襲に備えるには兵力が足りないので安土の信長に援軍を要請することにした。そして援軍が来た場合に秀吉軍と併せ収容する場が不足となるため、秀吉の陣を適当な規模の場所に移すことが必要とされた。

官兵衛は毛利の水軍を想定し、海から遠く山上は寺域が広く建造物が多く兵糧も貯えられてあるとして、書写山円教寺への移動を勧めた。

書写山は姫路から北西一里半、標高三七〇メートルの高地にある。円教寺は平安時代の中頃、九州霧島で密教を体得した性空上人が五九歳のとき書写山に来て建立した古刹で、比叡山の延暦寺、伯耆の大山寺と共に天台三大道場といわれている。

三月六日秀吉軍は書写山に移動した。軍勢を見た書写山の僧俗は一斉に逃げ出した。かつて信長が比叡山を焼き三〇〇〇人の僧俗老若男女を皆殺しにしたことが恐怖となっていた。

秀吉は書写山の一院に本陣を置き、軍兵らの配備を定め兵糧を調え軍馬を休息させた。秀吉は官兵衛や半兵衛それに蜂須賀正勝らの側近を集め、三木城攻略の軍議を開いた。官兵衛は三木城の地勢と城構えや城兵八〇〇〇人という形勢を見て長期戦となることを説いた。

その夜、官兵衛の陣所に半兵衛が訪れた。官兵衛は思わぬ友人の訪問に喜んで迎え入れた。半兵衛は蒼白い顔の瘦せ細った身で時々咳をする。官兵衛は先ず半兵衛の身体を気遣った。今や両者は胸襟を開いて語り合う仲となっていた。お互いに似た者同士がこの世に存在していることを喜んでいた。話題は三木城の攻略方法から始まり、信長や秀吉の人物評に及んだ。そして半兵衛は官兵衛が秀吉から貰った「兄弟の契り」の誓紙の件を切り出した。官兵衛は大切な保証書として手元の筥に保管していた。半兵衛はそれを見たいというので官兵衛は取り出して手渡した。半兵衛は静かに黙読してから突然その誓紙を引き裂き炉の中に燻べてしまった。誓紙は瞬く間に灰と化した。官兵衛は驚き、呆れてしまった。さすがの官兵衛も「なにをなさるか」と声を荒らげてしまった。すかさず半兵衛は平然として官兵衛を正面に見据え「このような誓文を大事に持っておれば、のちのち仕える者に対しこれを頼りにして心に不足も起り、勤めを怠るもとになるであろう。その不平不足は自分自身の破滅になる因となりはしないか。よって、これは御身のためにはなりません。わかってくれますか官兵衛殿」と静かに述べた。官兵衛は身体に戦慄が走り、瞬時に半兵衛の言葉を理解し深く頭を垂れて謝し感涙を流した。秀吉は今は厚遇して扱っているが将来疎ましく思うようになる時もあるだろう。その時に官兵衛がこの誓文を頼りにして不平不満を持つようになっては身の破滅を招くことになる。このような誓文は持つべきではないということであった。

官兵衛が秀吉の側近達に「油断のならぬ危険な人物」と見られていたと同様に、半兵衛も秀吉に不気味な野心家と疑念を持たれたことがあった。小谷城が落ちて秀吉が近江半国を信長から与えられ大名の地位を得た時期、半兵衛は嫡子虎之助の死亡を機に病気療養と称して美濃の菩提山城に戻り二年近く過ごしたことがあった。この菩提山城に帰って間もなくの頃、秀吉が側近達との会話中に「半兵衛は何を考えているか得体の知れないところがある。疑わしき者よ」と述べたことを見舞に来た秀吉の側近から耳に入れた。本人を前にした時の秀吉は諂うような態度を示すが、不在の席では彼の本音を吐露していた。半兵衛はこれまで目立たないように控えめな態度を心掛けてきたのであるが、数々の軍略や先見の明ある意見などの実績は人に抜きん出た存在であり、その知恵には底知れぬものがある。その上私欲がなく実績に対する見返りも報酬も要求しない。このような行動は人々の賞讃によって必然的に彼の存在感を大きくした。秀吉はその功績に感謝しているが半面その奥深くにある正体を読み取れず、不安に感じ疑念を持つことも生じていた。

半兵衛は秀吉の心を読んでいた。官兵衛の誓文を灰にする行為は織田家に仕え秀吉に与力として行動を共にして来た半兵衛の身をもって体験した教訓を先の短い自身の後継者と託す官兵衛に与えた教示であった。半兵衛も既に信長や秀吉から授かった感状類は一切処分していた。官兵衛は半兵衛という人物の奥深さを知り、このような人物に巡り合え懇意になれたことを天に感謝し、同志の次第に悪化する病身を気遣うのであった。

秀吉は書写山の本陣から兵を東に戻して三月一九日より三木城攻めに取りかかった。官兵衛は先陣として度々三木城から繰り出す別所勢と戦った。ある時、三木城から秀吉軍の攻囲陣に向ってくる尾崎という場所に五〇〇人程の伏兵が秀吉の陣から見えた。秀吉は側にいる半兵衛に「あれは敵か味方か」と聞いた。半兵衛はその様子を見て「あれは官兵衛でありましょう。今日の合戦は味方の勝利になるでしょう。この件でわたしとは申し合わせてはいないが、官兵衛の作戦は小隊を出し敵に当らせ逃げる。敵は追い討ちをかけて来るであろう。そこで官兵衛は伏兵を出し後ろから追いかけるであろう」といった。半兵衛は秀吉本陣近くまで迫って来るであろう敵兵に対して一隊を用意して待ち構えていた。暫くして案の如く、敵兵は逃げる一軍を追って本陣近くまで来たとき、官兵衛の前後の兵と横合いから出た半兵衛の一隊に挟撃されて敵兵は即時に敗北となった。官兵衛と半兵衛が打ち合わせもなく行ったこの作戦に秀吉は喜んで見せたが内面には両者の知謀に嫉妬感と警戒感を持った。

この頃信長のもとに上杉謙信の死亡の知らせが入っていた。謙信は三月九日越後の春日山城で倒れ、一三日に四九歳で亡くなった。虫気（脳卒中）と伝えられている。

謙信は上洛を目指し毛利家や反信長勢力に西進を伝えて出陣の準備が整って出発間近となったときに急逝したのであった。信長が最も恐れていた謙信の死により北方からの脅威から解放され、毛利家との対決に力を注ぐことが出来るようになった。五年前の武田信玄の急病急逝とこの度の謙信の急逝という幸運が信長に舞い込んだ。

信長は三月二二日付で官兵衛に書簡を送り「別所小三郎（長治）きっと成敗を加うべく候条、この砌、忠節をぬきんずべく候こと専一に候」と別所家成敗に励むよう訓令した。

秀吉は織田家の援軍が来る前に三木城を封じておいて、別所家の属城を攻めることにした。官兵衛は三木城からの挟撃がしにくい地勢を選んで、三木城西方離れにある野口城に取りかかることを献策した。三月二八日一隊は三木城の押さえに手当てをして、他は野口城を囲んだ。ところがこの陣中に毛利水軍と雑賀衆の船団が八〇〇〇人程で別所重棟のいる阿閉の別府城に向っているという急報が届いた。重棟は兄賀相に反して織田方に属しこの阿閉の小城を守っていた。重棟は秀吉に救援を要請してきた。そこで秀吉は官兵衛に別府城行きを命じた。官兵衛は事の重大性を知っており秀吉の代官という立場で指揮権を得て、自軍五〇〇人を率いて別府城に入り連合水軍の来襲を待った。毛利水軍と雑賀衆の水軍は淡路島の岩屋に結集し、阿閉の港に軍船を着け上陸を開始した。官兵衛は別府城の重棟の兵四〇〇人と共に城内に籠り戦陣を整え敵の来襲に備えた。官兵衛はこの度の毛利軍の出兵は三木城の別所家に対する支援活動で、別府城を破れば播州に上陸し別所勢と共に秀吉軍と対峙するものと見て危機感を持った。ただここで大きな抵抗に遭い兵力の消耗が激しくなれば撤退すると推察した。

四月一日毛利・雑賀連合水軍は大軍に傲り小城一つ落すのは容易なことと別府城に向って来た。官兵衛は敵が真近に迫って来るまで城兵の動きを止めていた。敵の陣形が乱れたところに乗じて合図の陣太鼓を打ち鳴らし、鉄砲を一斉に撃ち、石を投げつけさせた。敵が怯んだところに城門を開き突撃隊を繰り出して敵陣に襲いかかった。深追いはせずに強力な殿軍を置き城に退却し、敵の再攻を待ち再び激しく突撃して敵陣に切込むことを繰り返した。やがて連合軍は多くの死傷者を出して進軍の勢いが止まり算を乱して軍船に退散した。官兵衛の鮮やかな采配は再び毛利の大軍を海に退けたのであった。戦後処理を重棟に託して、官兵衛は野口城包囲陣に帰陣した。四月三日野口城は城主長井政重が降伏を申し出て城を開いた。

別府城の戦勝は秀吉から信長に報告されていた。信長は秀吉に四月四日付の感状を送り官兵衛の働きを称えた。信長は秀吉の功に褒美として鞍馬を与えた。秀吉はこの度の戦功はひとえに官兵衛にありとして、その馬を官兵衛に与えた。官兵衛はこたび最も働いたのは母里太兵衛であるとして、その馬を太兵衛に与えた。別府城での毛利・雑賀軍の撃退、野口城の降伏によって、高砂城の梶原景行と明石城の明石左近は織田方に属することを官兵衛に使者を遣わして申し入れて来た。官兵衛は城主両人を招き秀吉に対面させ、帰属の仲介役を行った。秀吉は喜んでこれを許した。

毛利軍上月城奪取

四月中頃、三木城攻撃も侭ならぬとき、毛利軍と宇喜多軍の大軍が上月城に襲来した。別所家が織田方に反旗を翻し毛利家の来援を待つという状態に、毛利家は先に水軍を派遣したが官兵衛の働きによって退去させられたからには本軍をもって播州に向い武威を示さねば毛利家の信を失することになる。ただ三木城まで本軍を延ばすには距離があることが気になるところであった。毛利家が播州派兵を協議しているとき、備前の宇喜多直家が昨年まで宇喜多方に帰属していた播州の上月城の奪回を懇願し、更に長年毛利家と戦ってきた上月城に籠る尼子氏を滅亡させる機会であることも加えて毛利家の上月城攻撃を進言した。元春と隆景の両川は直家の佞人振りは承知しており、この際直家の願いを拒めば織田方に帰属される可能性ありと受け止め直家の要請を入れ、播州攻めの地は上月城と決断し毛利家当主の輝元に諮った。かくて山陰を拠点とする元春は出雲の富田城を一万五〇〇〇の兵を率いて出発、山陽を預かる隆景は安芸の沼田を二万の兵で上月城に向った。両軍は備前の高田で合流し上月城を目指した。総大将の輝元も二万の兵と共に備中松山に本陣を据えた。宇喜多軍は毛利家に出兵を要請したにもかかわらず、当主の直家が病気と称し弟の忠家に兵一万四〇〇〇を預け岡山を発した。四月一八日上月城の南から西南地帯の狼山に隆景軍、北から西北地帯の太平山に元春軍そして東側地帯は宇喜多軍が陣を置き、守兵七〇〇人の上月城を包囲する戦術をとった。攻城による兵力の損傷を防ぎ、救援に駆けつけるであろうところの織田方を迎え撃つ作戦とみられた。

秀吉は自軍を率いて上月城救援に向っても毛利の大軍に勝つことは困難でありなおかつ背後となる三木城から追撃され東西から挟み撃ちの危険性に直面してしまった。最も恐れていた危機に遭遇した秀吉は安土の信長に急使を送り早急に援軍の派遣を要請した。信長は播州の隣国摂津の有岡城にいる荒木村重に救援に赴くことを命じた。四月下旬村重は一万の兵を率いて伊丹を発した。官兵衛は秀吉の命を受け加古川まで出迎えに行き応対に当った。村重を姫路城に案内し待ち構えていた秀吉と共に軍議を開いた。織田家の六将の中で秀吉と村重はお互いに気楽に接し合える仲であったのでこの場では村重は秀吉の指図に従う態度を見せた。村重の援軍を得た秀吉は両軍勢合わせて二万人を率いて上月城を望む高倉山に四月三〇日布陣した。

信長は四月二七日急拠上洛し佐久間信盛・滝川一益・明智光秀・丹羽長秀らの重臣を集め、五月一日に信長自身が播州に出馬し西国陣と戦い決着を付けると申し渡した。しかし重臣らは「播州では毛利勢が険難を占め、谷間を隔て空濠・逆茂木・柵を造り堅固な砦を構えていると聞いています。今回は援軍を送り、その報告を待つべきでしょう」と述べ、信長自身の出陣を止まらせた。重臣らの真意は結果として秀吉の功績になることへの反感があった。信長は自身の出馬は延期し代わりに重臣らの軍を派遣することにした。

村重の第一陣派遣の次に、第二陣として滝川・明智・丹羽の軍二万人が四月二九日に上月城を目指して、それぞれの領国を出発、第三陣は信忠・信雄・信孝の織田連枝軍と細川藤孝・佐久間信盛らの軍一万五〇〇〇人が五月一日に出発した。信忠率いる第三陣の軍勢は六日明石に着き、更に進んで加古川あたりに野陣を懸け、三木城とその属城を包囲する態勢をとった。第二陣の滝川・明智・丹羽らの軍勢は一四日高倉山に結集し、秀吉・村重の軍と合流した。これで織田軍合わせて四万人の兵力ができ、毛利方と互角の人数となり、秀吉は毛利と一戦し上月城の救援が可能と喜んだ。ところがこの援軍は村重の軍も含め役に立つ軍勢とはならなかった。

秀吉は信長から中国攻めの総大将を命ぜられて指揮権を持っており救援に駆け付けて来た軍は秀吉の命に服するのが軍規である。となれば援軍の宿将らは秀吉の下に働くことになる。ところが織田家中の六将といわれる地位に昇りつめた秀吉でも同列に並ぶ宿将からは成り上がり者として見られている。

信長は織田家の急成長に伴い新参者や下級の者でも、その実績を認めた者を重責の立場に登用してその功に応じて報酬を与えてきたが、信長に仕える者達の間には譜代の者や家柄のある者などによっての身分や格式を重んじることが残っていた。それにたとえ毛利家に勝ったとしてもその功は秀吉のものとなり、応援に駆け付けた宿将達の利益とはならないと思っていた。このことは昨年夏、北陸の柴田勝家の応援に出た秀吉が勝家と意見が合わず戦線離脱をして長浜に引きあげて来たときの秀吉の思想と裏表の関係にあった。援軍を命ぜられた諸将達は秀吉に対して不快感を持っており、積極的に秀吉のために働こうとする気分にはなれない。毛利勢が激しく攻撃を仕掛け織田勢が危険となったときには助勢しようという程度で滞陣していた。諸将のこの様な態度は率いてきた配下の者達にも影響を及ぼし織田軍の士気は上がらない。秀吉自身も諸将達に対して指揮をとることに遠慮があった。

織田軍は信長あっての織田軍であり、官兵衛は信長のいない織田軍の実態を現実のものとして見たのであった。秀吉は総大将の身にあっても意のままに兵を動かすことが出来ず毛利勢への攻撃が仕掛けられない。毛利側は長期戦で臨み織田勢に兵を出さない。

毛利方は長期戦によって上月城の兵糧攻めとなり、上月城を落す目的が達成されるのである。かくて、両軍は膠着状態となった。

秀吉は信長の出馬を乞う使者を出し続けた。信長は自身の出馬を五月一三日にすると宣言し、周囲の者はその準備を始めていたところ、一一日から五日間ほど大雨が降り続き京の河川が溢れ大洪水となった。信長は大雨による水の被害が大きいことを理由にして出馬を止めてしまった。信長としてはこの時期毛利との全面対決は時期早尚と考えていた。北陸の平定と本願寺の降伏を果さぬ内は信長本軍を畿内から離したくない気持ちが強かった。五月二四日秀吉は半兵衛を使者として信長のもとに送った。信長自ら出陣し諸国に下知をして毛利軍への総攻撃をかければ、上月城を救うのみならず中国平定の第一歩となる。中国を平定するにはこの一戦にありと信長の出馬を嘆願した。信長は出馬の意向を示したが確約するまでには到らなかった。信長は当座の褒美としてこれまでの働きに対して秀吉に金一〇〇枚、半兵衛に銀一〇〇枚の大枚を与えてその労を賞した。その後、二七日信長は安土の水害状況を見るといって安土にいた。

帰った。六月一〇日に上洛し、一四日の祇園会を見物したあと鷹野に出かけたりしていた。

上月城の周辺では六月に入っても戦局は変わらず両陣営の対峙が続いていた。秀吉はたまらず自ら信長に直談判することを決意した。秀吉は供の者数名を従え陣中を密かに抜け出し京に急行した。一六日突然の秀吉の訪問を受けた信長は驚いた。だがこの時期信長はとるべき対応を決断していた。秀吉の上月城攻めの状況説明と信長出陣要請に対して、信長は決断していた指示を与えた。「謀略相整はず、張陣候ても曲なく候、陣引き払い、神吉・志方に押し寄せ攻め破り、その上三木城に構え取り詰めよ」上月城を捨て陣を払って、三木城の属城の神吉や志方城を攻め落して、三木城に取りかかれと命じた。上月城の小城一つにこだわるよりも秀吉軍と救援に出ている諸将の大軍を三木城とその属城攻撃に集約し攻め落した方が毛利に与える打撃は大きいと判断した。上月城の尼子氏を捨てる感傷はなかった。毛利の大軍も上月城攻撃が目的であって、織田方と対決し播州や摂津まで侵略することはないだろうと結論付けていた。秀吉も指揮権を持ちながら大軍を動かせない状態に遭遇し、本心では上月城徹退やむなしと考えていたが上月城に籠る尼子氏一族と出雲衆を見捨てる訳にはいかないという感情が強かった。秀吉の意中の策は信長の命令という形になって実現し、秀吉は尼子残党の見殺しという評から逃れた。秀吉の上洛は隠密行動であったため、陣中の者が秀吉の行方不明を騒ぎ出す前に信長の命を持ち大急ぎで高倉山に引き返した。官兵衛はやむなく秀吉から伝えられた信長の命に従わざるを得なかった。

六月二一日上月城外で毛利軍と織田軍が衝突し、激しく戦ったが毛利軍に撃退される事件があった。

秀吉は高倉山を徹退するに際し、上月城に決死の使者として亀井新十郎慈矩を送った。秀吉は亀井に籠城者の脱出を勧める伝言を託した。亀井は毛利方の包囲網を潜り上月城に入り、尼子勝久と山中鹿之介主従に秀吉の意向を伝えた。尼子主従は「われらだけであれば脱出も可能であろうが、籠城で疲れた小勢が城を打って出て毛利軍の包囲を破り織田軍と一つになることは困難であろう」と籠城を続ける覚悟を伝えた。この使者となった亀井慈矩は出雲の出身で尼子氏再興のため織田家に仕え秀吉の陣中にいた。後年津和野四万三〇〇〇石を領している。

六月二六日滝川・明智の部隊を殿軍として秀吉・村重軍から先に高倉山を下り、織田軍は上月城から離れ書写山の拠点に陣を移した。

織田軍の徹退したあと、上月城は七月三日開城し毛利軍に降伏した。尼子勝久は家臣の助命を条件にして切腹し二六歳の生涯を終えた。山中鹿之介幸盛は降人となって吉川元春軍に護送され周防に向う途中、備中甲部川の阿井の渡しで休息中、元春の家臣河村新左衛門が斬り付けてきたので川に飛び込んで逃れたところを水中で刺殺された。鹿之介は偽って毛利家に仕え、元春と刺し違える覚悟で降人になったという。三四歳であった。鹿之介の子供二男一女は無事であった。長男の新六幸元は摂津伊丹の鴻池村に逃れた。一五歳の元服の際武士を捨て商人となることを決意し名を新右衛門と改めた。先ず酒造業を営み財をなし、やがて海運業・金融業にも着手し豪商に成長した。新右衛門の八男鴻池善右衛門が海運業部門を引き継ぎ江戸期から豪商として代々その名を継いだ。

かくて山陰の名族尼子氏は完全に滅亡となった。毛利の大軍は目的を果し上月城を落したのみで引きあげていった。

上月城救援から徹退した織田軍は先に駐屯している信忠軍と合流し、三木城とその属城周辺に大軍を配備した。この織田軍の総大将は信忠となった。滝川一益、明智光秀、荒木村重らの上月城救援組も信忠の指揮下に入った。秀吉軍は播州勢に協調して反織田方となった播州の北方に隣接する但馬の攻撃を命じられた。

信忠指揮する織田軍は三木城を包囲し、志方城を押さえ、神吉城の攻撃から始めた。同時に六月二九日信長は兵庫・明石・高砂の海岸線の防備として織田信澄（信長の弟の嫡子）軍に海浜警護を命じた。

神吉城は織田方の大軍の攻撃に降伏を申し出たが認められず、更に織田軍の攻撃を受け遂に七月一六日天守が焼け落ち城主神吉長則とその弟隼人が切腹し落城した。大半の兵は討死となったが残った城兵は助命された。隼人の子の長右衛門は官兵衛が召しかかえた。この神吉城の攻め始めのころ信孝は足軽と先を競い勇猛に戦っていたが手に重傷を負った。

神吉城が落ち、織田軍は志方城の攻撃を開始した。志方城は二〇日間程の抵抗を続けたが八月一〇日遂に防戦を諦め降伏を申し出た。城主櫛橋伊定は官兵衛が前もって降伏すれば助命の願いを出していたことから命は助けられた。志方勢はのち官兵衛の軍に属した。官兵衛は志方城攻めのときは秀吉軍と共に但馬におり、妻の実家を攻撃するという事態から免れた。

志方城が落ち、残るは三木城だけとなった。三木城は籠城態勢が整い難攻不落の状態にあった。力で攻めるには多くの犠牲者が生じる。信忠は持久戦で兵糧攻めとすることにして、その任を秀吉軍に命じて信忠以下三万人の援軍は八月一七日播州を引きあげて行った。信忠・信雄・信孝、滝川・佐久間・明智・荒木らの織田家宿将が去って秀吉は頭の上の重石がとれた思いであった。

平井山に本陣移す

秀吉は三木城から半里（二キロ）程の平井山に本陣を据えた。三木城の周囲を柵で囲み、所々に砦を築いて守備兵を置いた。周囲四里（一六キロ）に及ぶ秀吉得意の土木工事で包囲陣形を築き始めた。三木城の城兵と秀吉軍の兵が同程度の人数であり武力による攻撃には無理がある。三木城を囲み外部との交流を遮断して、長期包囲により兵糧を断つ戦法をとり両軍膠着状態となった。

官兵衛は戦陣が一段落したところで宇喜多調略の再開に取り組んだ。先の上月城の対陣において宇喜多軍では城主直家が病気と称して弟の忠家を派遣したり宇喜多軍に士気がないという諜報があり、宇喜多家の動きに迷いがあると見ていた。織田方の救援軍が来て高倉山周辺に滞陣していた五月中頃、官兵衛は備前に入り宇喜多接触の手掛りとして保木城の明石氏に近づいた。更に直家から美作を預かっていた重臣の花房助兵衛（志摩守）にも織田帰順を説いていた。上月城で毛利軍と織田軍が対陣していたとき直家は織田方が勝つと見込んで、織田方が勝てば織田方に帰属しようと思っていたという風評も聞こえていた。

直家の意に反して毛利軍が勝ち織田軍が徹退したことに驚き、直家は病気快復と称して岡山から毛利軍の本営に出向き戦勝の賀詞を述べ、元春と隆景の両川に対し帰路に岡山で戦勝の祝宴に招待したいと申し出た。両川はその時は申し出を受入れたが、両川の帰路は岡山を避けて元春は作州路で出雲の富田城へ、隆景は播州赤穂の浜から船路をとり居城に帰陣した。直家は両人を岡山城に招き謀殺して織田家に寝返るための手柄にしようとしているという情報を元春にもたらした者がいた。かつての直家の行動を知る元春は警戒して岡山城を回避したのであった。

三木城に対陣する平井山の陣中で、官兵衛はこれらの諜報を聞いて直家の調略可能性ありと判断していた。しかし信長は平井山の秀吉に宇喜多領は毛利領より近いところにある、宇喜多を討って、その後に毛利を討てという書状を送ってきた。官兵衛宛にも九月六日付の書状で備前攻めを指示していた。秀吉は途方にくれ、官兵衛は憮然とした。上月城が奪回されたうえ、八〇〇〇人の籠城する三木城も落せぬ状態では備前・美作の二国六〇万石を領し一万五〇〇〇〇人の兵を動かす能力のある宇喜多家の征伐は秀吉軍のみの武力で実行できることではない。官兵衛は宇喜多を織田方に帰属させるには信長の意に反するが「説得」による宇喜多攻略しか方法がないと秀吉に提言した。秀吉の承認を得て官兵衛は直に宇喜多直家宛に書状を認めて密使に託した。「毛利輝元は大国を領しているが天下を取る器ではない。先般も大軍を率いて播磨攻めをしたが書写山を攻めて秀吉を追討することもできず、わずかに上月城一つ落して十分としている。また別府城を毛利の大軍が攻めて来たときは我らの小勢に打ち散らされている。今の時勢を見るに、信長は既に天下の都を領有し、四方に号令を下し、領国も二〇ヶ国に跨り、帰属する国も増えている。信長は武略に優れ、その旗下には武勇の者が多数集まっている。よって信長は当代の天下の主となるべき人である。貴殿は今、毛利家に帰属しているが元来毛利家の恩義を受けた人ではない。力量のない大将のもとに属するよりも信長に属することが宇喜多家の長久を図る道である」と説いていた。直家のような人物に対しては天下安寧のためとか人の道理を説いても通用せず、欲心を煽り、己の利己心を満たすことを記述した。官兵衛の勧誘は直家にとっては己の生き方の核心をつくものであった。戦国の世の下克上大名として成り上がった者にとってはより強力な力を持った者に対しては敏感に反応するものである。

直家は官兵衛の書状にすぐ同意を示し重臣を集め評定を開いた。席上直家が織田帰属の意向を示すと既に官兵衛から勧誘を受けていた者達は直家に賛同の意見を述べ、座は織田方の支配下に入るべきと決した。数日を経て直家は花房助兵衛を使者として平井山の官兵衛のもとに遣わし、毛利を離れ織田方に帰属することを申し出た。官兵衛は即座に使者を秀吉に引き合わせた。秀吉は大層喜んで使者の志摩守に対面し宇喜多帰参の申し出を受け入れ、その場で太刀一振りを与えた。かくて官兵衛の調略によって秀吉は一兵をも損なわず六〇万石を領する宇喜多家を織田方に引き入れることとなった。

一〇月、秀吉は蜂須賀小六彦右衛門を誓紙調印の使者として岡山城に派遣し直家との盟約を結んだ。この時点では秀吉と直家との密約に留めていた。

官兵衛は書簡一つで直家を説き伏せたことで自信を深め「相手の立場を考え、正当な理論と熱意を示すことによって人を動かすことができる」という信念を強く持つようになった。しかし、この信念が弱点となって、このあと生涯最大の厄難が訪れるのである。また秀吉は官兵衛に対し表面では例の如く人当りよく対応していたが、内心では半兵衛に対するように官兵衛の底知れぬ智謀の奥深さに恐怖心と疑惑の念が生じ始めていた。

村重謀反

官兵衛の働きによって宇喜多家を織田方に帰服させたことによって、平井山の陣で三木城の包囲網を固め攻略に専念できる態勢ができかかっているとき、摂津伊丹の有岡城にいる荒木村重の謀反という通報が細川藤孝から届いた。秀吉にとって村重は織田家中の武将の中で新参者であるが気が合い親しみを感じる者の一人であった。官兵衛にとっても村重は隣国摂津の織田方の領主であり、和歌や茶道に通じた風流韻事を嗜み、またキリスト教の熱烈な信者である高山右近を配下に持ちキリシタンに寛容な人物であるため好意を寄せていた。秀吉と官兵衛にとっては「まさか村重が謀反とは」という思いであった。

村重謀反の情報は一〇月二一日安土の信長に方々より届けられた。信長は「不実におぼしめされ、何篇の不足候や、存分を申し上げ候はば仰せ付けらるべきの趣」と受け止めた。信長はまさかと思い、何が不足なのか不平不満があればその心情を申し述べよとその苛酷な性格に反して、このときは寛容な態度を示し、使者として松井友閑、明智光秀それに万見仙千代の三人を伊丹の有岡城に派遣し村重の真意を問い糺した。光秀は娘を村重の嫡男新五郎村次に嫁がせて姻戚関係にあった。光秀ら使者は村重を宥め不足があれば言い分を聞いてやれという信長の意向を伝えた。村重は謀反のうわさに当方も迷惑している。異例の立身出世した自分を羨む者が撒いたうわさに違いないと弁明した。使者は村重のこの弁明を信長に持ち帰った。信長はこれを受け入れ、されば村重の母親を人質に差し出し村重自身が安土に出仕して弁明せよと命じた。

この時点では村重は謀反を起す決心はついていなかった。もともと摂津は本願寺の門徒が多く村重の軍団を構成する地侍の中にも熱心な門徒が存在した。信長と敵対し籠城を続ける本願寺に彼らの一部が兵糧米を運んでいるといううわさが九月中旬頃から流れ始めた。やがてうわさは領内に広がり、村重にも聞こえてきたが、家中の統制が執れず利敵行為を見逃したことに信長はどのような処置を与えるかと思案している内に時が過ぎていた。かくて信長には村重謀反という形で情報が伝えられていたのであった。

一〇月二三日村重は嫡男村次を伴って伊丹を発ち安土に向った。使者の要請に応えて身の潔白を申し述べようとしていた。西国街道途中に茨木城主の中川瀬兵衛（清秀）が待っていた。瀬兵衛は村重の一族で武勇の士で知られ、剛毅な性分の持ち主であった。瀬兵衛は村重に対して、「信長の苛酷な性格からみて、謀反の色を示した者を生かしておくことはない。安土に行けば殺されるに違いない」といって引き止めた。村重も信長の性格はよく心得ており信長への不信と恐怖心が強くなり、瀬兵衛に同意し伊丹に引き返した。村重は有岡城に籠り信長に反旗を翻す決意を固め戦略を練った。本願寺には内通の使者を送り、毛利家にも援軍の要請をする使者を走らせた。既に毛利家や備後の鞆にいる前将軍足利義昭の働きかけがあり謀反に走らせる動機となっていた。

政職村重に同心

村重は隣国播州の二大勢力をなす御着城の小寺政職にも使いを出し別所勢と共に毛利家に属することを勧めた。もとより御着城主の政職とその重臣らは毛利帰属に誼することを願う者達であり旧交ある村重からの勧誘は願ってもないことであった。政職は村重と共に信長に叛し毛利方に帰属することを決断した。村重の謀反と共に御着の政職も織田離反という通知が平井山の官兵衛の陣所に届けられた。

官兵衛はこれまで兵力は姫路の自軍のみではあるが御着の小寺家の名代の立場として織田方の秀吉軍の旗下に加わり行動してきたのである。主家である小寺家が織田に叛することは官兵衛の主従関係の立場において、小寺と織田双方から敵対する存在となった。

この戦国の世では、力ある者が主家を討って成り上がる者、強い方に靡きその傘下に入る者のように功利主義的な私利私欲で行動する気風が支配していたが、黒田家においては官兵衛の祖父の代から倫理的行動規範で物を見る知的傾向が強く、家臣らにも影響を与え黒田主従の相互信頼の絆も固く結ばれていた。官兵衛の現在の力量からすれば御着城を攻め落とすことはたやすいことであったが、官兵衛は主家を攻めるなど夢にも思っていない。父祖の代からの小寺家の恩を忘れず、小寺家の存続のための行動をとってきたのである。今や織田方の秀吉の陣中において官兵衛の存在価値は人の知るところであり、官兵衛の働きは小寺家にとっては身の安泰を保障されたものであったが、御着城では政職やその重臣らは時世を読み取ることができず、また飛び抜けた智性と戦術で活躍する官兵衛への反感などもあり村重からの誘いに乗り反織田の旗色を示したのであった。

一〇月下旬、政職の織田離反に接し官兵衛は御着城に行き政職に翻意を促すべく平井山を離れた。この時秀吉は信長に呼び戻され京におり不在であった。官兵衛は半兵衛と浅野長政に事の仔細を述べ姫路に向った。姫路は父宗円が留守を預かっていた。

官兵衛は父に対面し、これから御着城に出向き政職に諫言をする旨を告げた。父の承認を得て官兵衛は単身御着城に入り政職に会った。政職は既に荒木・毛利・本願寺に通じる決意を固めていた。官兵衛は「わたしが織田方に帰属を勧めるのは我が子松寿を人質に出しているからではない。信長はやがて天下を治めるであろう人物である。織田方についておれば、小寺家はこの先安泰である。一旦信長に属しその約束を変じて毛利に属することは信義に反することであります」と説く。既に織田離反を決意している政職は平然として官兵衛の諫言を聞き流していた。そして政職は再度考えてみるといって官兵衛を退らせた。

官兵衛が姫路城に戻ると宗円を始め重臣達はその無事の帰還を喜んだ。宗円は重臣を集め一同の前で官兵衛の報告を聞いた。情報の公開・共有という宗円の計らいであった。席上重臣達は「いくら諫めても同心がなければ政職始め小寺衆は官兵衛殿を敵視して、この上御着に行けば殺害される危険があります。しからば病と称し重臣を使者に遣わし説得した方がよい。もし御着勢が攻めて来たならば、合戦をして寄せ手を打ち破り御着城を攻め落すべきである」と一同威勢よく申し述べた。これに答えて官兵衛は「一同の意見ももっともなところがあるが、まだ御着勢が攻めても来ないうちに籠城することは主君政職様に対する謀反人となる。また病と称せば仮病と思われる。

小寺殿に叛き合戦となれば不義となる。当家の運が尽きなければ我が身に災難はなかろう。もし小寺殿に疑われ討たれても不義とはならない、運命の尽きる所であり嘆くべき道ではない。もとより武門に生れたからには義を守ることに命を惜しむものではない」と述べ、宗円も官兵衛に同意し「信長を主君とし小寺氏を旗頭としているからには信長に二心なく又小寺氏に背かぬことが当然の道理である。このような忠義の心を示しても、もし殺されるようなことがあったならばこれが我が家の天命であると思うべきである。御着に行って災難を逃れ難いときは切腹せよ」と決死の意を固めて父子の覚悟を示した。姫路城の父子・重臣にとって今生の別れとなるかも知れない決断をして再度御着城行きと結論を出した。

御着城に行けば討たれるという噂が流れている中、官兵衛は供の者数名を連れ御着城に入った。御着城では姫路城に籠城するものと思っていたのであったが官兵衛の態度がいつもと変わらぬ様子で登城したのを見て安堵した。

この頃姫路城では宗円が金剛又兵衛という猿楽大夫を招き寄せ能の舞を催していた。御着の諜者がこの情報をもたらして来たので御着の者達は姫路の謀反の疑いを解いた。これは宗円が敵意がないと思わせるために考えた計略であった。

御着城では既に政職と重臣の間で官兵衛に対する策謀を決め来訪を待ち構えていた。

御着で官兵衛を誅すれば父宗円が姫路城に籠り事が大きくなるので官兵衛を殺害することができない。そこで織田に叛き毛利方に属することを勧めた荒木村重を説いて翻意させてくれるなら、御着もそれに従うことにするとして、官兵衛を政職の使者として有岡城の村重のもとに送り込む。そして村重に官兵衛を殺害するよう依頼するという自身の手を汚さぬ狡猾な方法を考えていた。

政職は官兵衛に対し村重を翻意させる使者として有岡城行きを持ちかけた。官兵衛は村重の心の内を読みとることが難しかったが織田家への忠義のためと思い有岡城行きを承知した。さすがの官兵衛も政職が村重に自分の殺害を依頼するとは考えが及ばなかった。

官兵衛入牢

官兵衛は姫路の宗円に手紙を送り概要を報告したのち、御着からわずかな供を連れ軽装で直に伊丹に向った。村重の謀反で騒然としている伊丹の城下に入ると有岡城の村重に来訪の通知を送り面談を要請した。この頃村重のもとには御着城の政職の密使から官兵衛の殺害を依頼する書状が届いていた。

村重にとっては他家の筆頭家老を誅するという難題を押し付けられたことになった。村重は官兵衛を生かして捕らえておき説伏によって味方にすることができれば大利を得るであろう。それに殺害すれば黒田家を敵にすることになる。また双方共キリシタンに理解があり謀殺という手段に抵抗を感じた。そこで官兵衛を捕らえ獄舎に繋留しておくことに決めて官兵衛を待っていた。官兵衛は目通りの許可を得て主殿に通じる曲輪に入ると、急に強力な武者数人によって取り囲まれ縄で捕縛され、村重に会うこともなく牢獄に連れ込まれた。

官兵衛は村重に会わせてくれと叫んだが聞き入れられず、城の北西隅にある後ろを沼にして三方を竹藪に囲まれた薄暗い建物の獄舎に投げ入れられた。独房は背丈よりも低く身を屈めないと立つこともできない。側面も奥行きも身を縮めて置く狭さである。その上、日も当らず沼の側のため土間は湿気ていた。官兵衛は村重のこの様な所業は織田方への翻意がないことと悟った。

翌日、官兵衛が村重に拘禁されたという報せが姫路城に届いた。宗円はもとより城中は驚き哀しみで悄然となった。村重からも官兵衛を拘束している旨の書状が届けられ、官兵衛が囚われの身になったことが確かなことであると認められた。

姫路城の家臣らは宗円に対して荒木村重に味方をして官兵衛を助け人質の松寿を捨てるか、又は信長に従い松寿を助け官兵衛を捨てるかの判断を求めた。宗円にとっては子を捨てるか孫を捨てるかの決断であった。しばし宗円は熟考したあと結論を導き出した。宗円は家臣一同を集め「官兵衛を捨て信長に随うべし。何となれば、当家の意思で信長に随うことを決め人質も差し出した。信長に随うことは当家の方針である。官兵衛が村重を諫めに行ったのを理不尽に留置しているのは村重の不義の致すところである。不義に従うことは出来ない。村重に従って毛利家に誼することは当家の本意ではない。もし官兵衛が村重に殺害されたならば不慮の天災と思うべきである。官兵衛を助けるために当家の本意に反して敵に随うことはない」と宣言した。宗円は判断の基準として織田方に味方することを前提とした。もし官兵衛を助けるために村重に付けば信長の憤りが激しく村重が亡ぶ時には当家にもその禍が及び破滅を招くことになるだろうと考えた。又姫路城の本丸で秀吉の留守を預かる弟秀長勢に攻められることになりかねないと思案し、家の保全と一族郎党の行末のためにも織田方に付くべきであると結論付けた。

宗円は官兵衛の不在のあとを受けて、宗円自身と自分の弟の休夢斎（高友）、それに官兵衛の弟の兵庫助（利高）の三人による合議で指揮体制を執ることを家臣に告げた。松寿はまだ幼く遠く長浜の人質の身で当主とはなりえないからである。その夜、家臣達が協議し宗円、休夢斎及び兵庫助に対して「今後いかなる異変があろうとも別心なく奉公を勤め、下知に従います」と神文誓紙を書いて提出した（一一月五日付）。署名者は栗山善助・母里太兵衛・衣笠久右衛門・久野四兵衛・桐山孫兵衛など三枚の誓紙に四〇名が名を連ねた。宗円は姫路城内の動揺を鎮めて、平井山の秀吉本陣に従前通り織田方に義を貫くことを告げる使者を送った。

秀吉と蜂須賀小六彦右衛門は三木城包囲の兵を分け摂津に出かけ有岡城包囲の陣中にいた。留守を預かる竹中半兵衛は官兵衛の異変と姫路城において宗円が変らぬ忠義を保っていることを秀吉に報告した。秀吉は官兵衛の異変と宗円の処置の報を受け驚いた。よもや官兵衛が村重に寝返ることはなかろうと思いつつ半信半疑の気持ちでいた。秀吉は京から山崎に出陣していた信長に通報した。そして秀吉は摂津の陣地から姫路の休夢斎宛に手紙を送り（一一月一一日付）、摂津の状況と官兵衛異変の所感を書き送った。「この度の村重の逆心はいまさらどうしようもない。信長様は素早く馬を出し、昨日高槻まで出兵し、高槻城を取り詰めた。高槻城主高山右近が詫言を申しあげる由とのこと。滝川一益や美濃三人衆と拙者らは先勢として砦を造るため郡山に居陣している……」と信長の迅速な対応で村重討伐が速やかになされるであろうと述べ、「その方ではいろいろ問題があったが別条ないと思っている。半兵衛からの報告では御覚悟ゆるぎないとのこと。その旨信長様に申しあげておいた。官兵衛のことは村重の逆心とは関係のないことであろう。この度の事はどうしようもないことである。宗円殿や貴殿の方針が変らぬということに感じ入っている。委細は近々お目にかかった時に申しあげる」とあった。宗円はこの手紙を読んで官兵衛に対する秀吉の心情を表現するに物足りなさを感じ、全幅の信頼感を読み取れなかった。

村重謀反という事態によって、一〇月下旬に官兵衛が平井山の陣から出て姫路城や御着城での対応、そして有岡城での幽閉という生涯の危機を送っていた頃、信長は摂津一国三七万石を領する大名の謀反を鎮めるべく迅速に動かざるを得なかった。一一月三日信長は安土を発ち京二条屋敷に入った。ここで松井友閑・明智光秀それに三木の陣から呼び寄せていた秀吉の三人を再度有岡城に派遣して説得に当らせた。しかし村重の決意は変らず敵対関係は決定的なものとなった。官兵衛が囚われたのはこの三人の使者が去ったあとと思われる。

この様な時の一一月六日、毛利水軍六〇〇隻余りが大坂沖に再度出現した。天正四年（一五七六）の海戦で敗れた信長は九鬼嘉隆に強力な艦船の建造を命じていたが鉄板で装甲し大砲を備えた戦艦が六隻完成していた。九月三〇日には堺の津で信長を迎えて盛大な観艦式を行っていた。この艦隊が木津川河口で毛利水軍と一戦を交えた。初めは大船の動きが悪く戦況は九鬼水軍に不利であったが大砲の威力が発揮されて、毛利水軍を打ち破り大勝利を収めた。毛利水軍は完敗し本願寺の兵糧が断たれた。

信長は村重が釈明を拒み二度にわたる使者の説得に応じないことから、遂に村重討伐に取り掛かった。一一月九日信長は京から山崎に出陣した。この陣中に秀吉から官兵衛の異変が届けられたと思われる。信長は官兵衛の裏切りと捉えた。しかし今は村重攻撃しか眼中になく官兵衛のことは聞き置いていた。翌一〇日には滝川・明智の両軍団長、信忠・信雄・信孝の連枝軍、それに北陸軍の金森・前田・佐々・不破らが動員され摂津に陣を置いた。村重の籠る有岡城を攻めるには高山右近の高槻城、中川瀬兵衛の茨木城を落さねばならない。軍団を二つに分け高槻城と茨木城を囲んだ。信長本陣は高槻を見下ろす安満に置いて指揮を執った。

信長は眼下の高槻城下にある教会の天主堂を見て高槻城を落す方策を思案した。高山右近家は父の飛騨守（ダリヨ）を始め熱心なキリシタンで城下に多くのその信徒を保護していた。信長はこのキリシタンを利用し、右近を降伏させる調略を試みた。高槻城の右近に降伏を勧める一方、京の南蛮寺に使者を送り京都地区修院長で右近が深く帰依しているオルガンチノ神父に対して信長のもとに来るように命じた。事の重大さを知ったオルガンチノはその日の内に信長のもとに駆けつけた。

信長はオルガンチノに対し「右近を説得せよ。首尾よく説得できたならば伴天連の門家、何方に建立するとも苦しからず。もし説得を受けなかったら宗門を断絶する」と申し渡した。オルガンチノの立場からすれば信長の苛酷な性質は承知しており、右近が降伏しなければキリシタン弾圧は免れまいと思っており、是非とも避けなければならないことであった。オルガンチノは日本人の修士ロレンソを伴って高槻城の右近と対面した。信長側から佐久間信盛・松井友閑・大津伝十郎それに秀吉が同行した。右近は彼等の説得を身の縮む思いで聞いていた。右近は村重の謀反を聞いたとき有岡城に出向き村重を諫言したが聞き入れられず、やむなく村重に従うことにしていた。その時忠誠心を示すため自分の妹と三歳の息子を人質として村重に差し出していた。右近は信長に服従すれば村重を裏切ることになり、村重を諫めた自己の道義的倫理性を失い、更に人質の命を失うことになる。そして信長に叛すれば自領のキリシタンの迫害はもとより全国の信教者と宣教師の迫害に波及することになるという立場となった。右近は苦渋の決断を迫られて、自分は身分と城を捨て一介のキリシタン沙弥となり遁世することを決断した。父飛騨守に城を預け自分は城を出て生涯奉教の道に身を置くことで信長の許可を得ようとした。飛騨守はやむなく右近の申し出を承認し、有岡城の村重に事の次第を告げ村重の味方として有岡城に一族と共に移った。村重は飛騨守を受け入れ人質を返還した。かくて高槻城は開城されることになった。

一一月一六日右近は前日、本陣を安満から郡山に移した信長のもとへ、オルガンチノ神父らに付き添われて現れた。頭髪を下ろし、紙子一衣に身を包むという姿で信長の前に身を屈した。信長は高槻城開城という結果を喜び目の前にいる右近の姿を見て着ていた小袖を与え、更に秘蔵の馬を馬具と共に与えた。そしてこの度の褒美としてこれまでの領地二万石を安堵したうえ新たに芥川郡二万石を加増してやった。信長は右近の遁世を認めず織田軍の一員として働くことを命じた。右近はこれまでの行為に対する裏切りとなることを心に負い目として持ち、やむなく信長に従うことになった。

高槻城開城を果した信長は村重の傘下にいるもう一人の強力な同盟者中川瀬兵衛清秀の居城茨木城攻撃の態勢を強めた。中川瀬兵衛は高山右近と性格を異にしており剛毅で武勇の人で闘将として名を知られていたが、利害計算で物事を判断する一般的な戦国武将に類した。信長は利をもって瀬兵衛の調略に当った。使者として福富平左衛門・古田左介（のち織部正重然・茶道織部流の祖）ら四人を茨木城に送った。左介は瀬兵衛と縁戚関係にあった。瀬兵衛に対する利益の条件として摂津半国を与え一二万石を加増すること、村重に代わり摂津の旗頭にすること、更に瀬兵衛の長男に信長の末姫を与えることを持ちかけた。瀬兵衛はこの好条件に高揚し、すぐに村重離反を決断し、一一月二四日夜半それまで瀬兵衛と共に茨木城に籠っていた村重派の石田伊予と渡辺勘大夫の両人一派を追い出して信長帰参の態度を示した。四人の使者は目付として茨木城に在城した。一一月二六日信長は当座の褒美として瀬兵衛に黄金三〇枚、右近に二〇枚、各々の重臣にも金と衣服を与え謝意を示した。翌二七日には信長の陣中へ挨拶に訪れた瀬兵衛に対し信長と信忠それぞれから太刀と馬、信雄と信孝それぞれから馬、信澄から腰物太刀が与えられた。村重攻めに戦略的に価値のある茨木城を一戦も交えず落すことが出来た喜びが表れていた。

信長松寿処刑を命ず

摂津一国を領する村重の謀反は信長が築いてきた体制を覆すほどの重大事でありその討伐は緊急を要したが、播州の豪族の家老の身分にすぎない官兵衛の裏切りに対しては急を要することもないと思っていた。有岡城攻撃に入る前に信長は官兵衛に対する処置を命じた。有岡城に入ったまま、まだ出て来ぬのは村重に味方し自分を裏切ったものと見なした。官兵衛の主家である御着城の政職が村重に寝返っていることから官兵衛も政職に従ったものと捉えた。裏切ったとなれば本人は有岡城を落したあとに処罰するとして、見せしめの為に人質の松寿を処刑すべしと命じた。三木城に対陣する平井山に戻っていた秀吉のところに信長の命令が届けられた。秀吉は官兵衛の裏切りについては半信半疑の状態でいたが未だ裏切りと確定していない内に人質の松寿を殺してしまうには抵抗があった。しかし秀吉としては信長の主命に逆らうことは出来ず困惑した。秀吉は半兵衛を呼んで人質処刑の件を話すと、半兵衛は拙者が引き受けると答えた。半兵衛はこれまでの官兵衛との交流で官兵衛が裏切りを犯すような人物ではないと確信していた。

半兵衛は先ず信長に会い処刑を思い止まることを説く、それが叶わぬ時は松寿を長浜から連れ出して、美濃の菩提山城に隠し置き信長には処刑したと報告する。信長は村重憎さから有岡城攻めで頭が一杯であり、松寿仕置のことなど忘れてしまうだろうと推察した。半兵衛は人質を匿うという信長の命に反した行動はもし事が判明した時に秀吉に累が及ぶと判断して秀吉には伏せていた。

労咳（肺結核）の病が重くなっていた半兵衛は書写山で求めていた仏具と僅かな身の回りの物を携えて平井山を下った。半兵衛は天命が長くないことを覚悟して松寿の処置を終えたあとは京で療養生活を送ることにしていた。一二月初め半兵衛は小屋野に陣を置く信長に会見し人質の件を諫言した。「官兵衛は既に味方に属し忠義の志浅からず、その上知恵ある者です。強き味方を捨て弱き敵に与するようなことはない。人質を殺せば官兵衛やその父美濃守は当家を怨み敵対するようになり、中国征伐ははかゆかなくなりましょう。人質を殺すのは良いことではありません」と信長の再考を促した。信長は憤然として拒否した。この時期の信長は言動が苛烈で理性を失しかけていた。もしこの諫言が半兵衛ではなく他の者であったらその場で手打ちにあっていたであろう。

やむなく半兵衛は松寿を処刑すると申し述べ信長の陣を後にして長浜に向った。途中京の医師土岐玄舟邸に寄り荷物を預け長期療養の依頼をして、安土を通り過ぎ長浜に直行した。長浜城に入り秀吉の妻や留守居の重臣に対して播磨や摂津の情勢を概略説いてから、松寿を私が預かることになったと含みを持たせて告げた。

半兵衛は信長に松寿の処刑を済ませたという使いを走らせてから、松寿と井口兵助（のちに村田出羽）、大野九郎右衛門ら松寿に仕える黒田家の郎党を連れ、長浜城を出て竹中家の居城美濃菩提山城に向った。菩提山城は垂井から北へ進む山の中にある。半兵衛は城館の一隅を松寿とその郎党の居住に当てた。そして竹中家中の侍である伊藤半右衛門を世話役として付けた。その上幼い松寿の遊び相手として一二、三歳になる幸徳という子供を付けた。幸徳少年は近江浅井氏に伺候していた鶴若という舞太夫の遺児であった。半兵衛は松寿とお付の者に対して経緯を語り、松寿は長浜で処刑されたことになっている身であると述べた。語る方にとっても、聞く方にとっても深刻な事態であった。もし松寿の生存が発覚した場合には、この行為は信長の主命に対する反逆であり半兵衛の処刑どころか菩提山城は焼き落され竹中一族郎党皆殺しにされるは必定であり、秀吉の処罰にも波及するであろう。また松寿の処刑はもとより姫路衆も攻め滅ぼされるであろう。信長にとっては黒田家も竹中家も一介の小勢力に過ぎぬが、両家にとっては家の存続に関わる重大な危機の局面であった。半兵衛のこの豪胆な行為は官兵衛は絶対に裏切らないという信頼感を持ち、信長の言動や取り巻く状況を分析し、絶対に成功すると判断したものであった。

半兵衛は菩提山城で松寿の供の者と伊藤半右衛門に対し、この後の処世を説き事後を託した。山を下りて京の土岐邸に行き療養生活を送った。病状は一進一退を繰り返し快方には向うことなく日を送った。

後年長政が筑前を領してから、半兵衛の子丹後守重門に対し半兵衛殿の御厚志忘れ難い、貴方には男子が多い、一人筑前で養育させて欲しいと頼み、慶長一七年（一六一二）重門の二男で一三歳になる主膳重次を迎えて高禄を与え厚く寵遇してこの時の恩に酬いた。

織田軍有岡城攻撃

一二月初め高槻城と茨木城の村重の両腕となる二城の他に、尼崎・伊丹と大坂・本願寺を結ぶ交通の要衝にある大矢田（大和田）城の城主安部二右衛門をも調略に成功した信長は滝川一益と丹羽長秀らの主力隊を伊丹近郊に入らせた。

有岡城は巨大な領域を環濠で囲む総構えの城で昆陽口・野ノ宮・女郎塚・鵯塚・岸という五つの砦を配していた。村重は毛利の援軍を待ち籠城戦をとった。主要な味方の三城を失して有岡城で三〇〇〇人の兵と共に織田軍の攻撃に備えた。

一二月八日申の刻（午後四時）信長側近の堀久太郎秀政・万見仙千代・菅谷九右衛門長頼の三人の指揮官は鉄砲隊と弓衆を率いて町家に火をかけ放火したあと、濠に迫り有岡城の総攻撃を開始した。濠を越え城塀に取り付き乗り越えようとした時、村重方の激しい防戦に遭い大激戦となった。ここで指揮官の一人、信長の信頼する文官万見仙千代重元が塀際で討死した。激戦は亥の刻（午後一〇時）まで続いたが、信長は村重方の戦意を見て攻撃を終わらせ長期包囲作戦に切り換えた。有岡城の周囲に付城を築き、諸将を配備し外界との接触を遮断した。高山右近・中川瀬兵衛・安部二右衛門の村重方の旧臣も包囲軍に配置し、織田連枝軍と滝川一益・丹羽長秀の両将らに各陣所の滞在を命じた。そして明智光秀には波多野秀治の籠る丹波八上城の包囲を命じて、一二月二一日信長は古池田の陣所から京に戻り、二五日に安土に帰陣した。

官兵衛は獄舎の中にいた。内部は手足を伸ばせぬ狭さで身動きするのにも窮屈であった。その上湿った地面に日も当らないという環境であった。官兵衛は牢番に村重に会うことを求めたが村重は姿を現わさなかった。入牢から数日して村重の意向を受けて、その臣下の者が様子を窺いに来た。加藤又左衛門と名乗った。この度のことは小寺藤兵衛政職殿から伊丹で殺してくれという依頼を受けてのことであり入牢させたのは村重の好意である、と村重の言葉を伝えた。

官兵衛はこれまで小寺家の存続のために行動してきたのである。先代からの小寺家への恩と忠義を貫いて精励した者に対する主家政職の処置がこの様な結果となったことを知り愕然とした。

加藤又左衛門はその後も度々様子を窺いに現われて声をかけて励まし、時には新しい敷藁を牢番に命じて入れてくれた。又左衛門はかつて摂津に勢力を持った伊丹兵庫頭の一族で、村重が摂津を領してから村重に属していると語った。朝夕、日に二度食料を差し入れる牢番は話しかけても返事はなかった。又左衛門の励ましの言葉は官兵衛の心を癒してくれた。やがて洗い清めた衣服を届けてくれるようにもなった。乾いた衣服を身に着けることができ弱った身体に快く有難かった。これは荒木家の奥に仕えていた井口兵助の母の妹の好意であると教えてくれた。

井口家は広峰宮の神主の一族であり、兵助は松寿の傅役として、兵助の叔母は官兵衛を助けることで広峰宮の御利益に与る幸運をもたらした。井口兵助の三人の兄がいずれも戦死し、官兵衛は気の毒に思い四男の兵助を仕官させようとしたところ、父の与次右衛門が断った。されば官兵衛は兵助に「わたしのところに来るか、親元にいるか、どちらをとるか」と聞いた。兵助この頃七、八歳であったが官兵衛のもとにある方を選んだ。官兵衛は側近く置いて養育していた。そして松寿に随行させていた。後年官兵衛が九州の諸城を征し、肥前の鍋島直茂に会った時、その家臣の村田隠岐という者は数々の武功が多いが手傷一つ負ったことがないという話を聞き、その幸運にあやかるべく村田の姓を賜りたいと直茂の許可を得て兵助に井口を改め村田の姓に変えさせ村田出羽と号した。筑前入国後二〇〇〇石を与え足軽大頭として厚遇した。

加藤又左衛門と接しているうちに官兵衛はその厚誼に感謝して「もしわたしが恙無く姫路に帰ることができたなら、貴殿の子息を一人、わたしのところに遣わして貰いたい。わが子松寿の弟の如く養育したい」と述べた。有岡城落城後、又左衛門は次男で九歳になる玉松を姫路城に送った。姫路に戻った官兵衛は玉松に黒田の姓を授け松寿と兄弟同様に愛育した。玉松は成長して三左衛門一成と改め、筑前入国後美作と号し、一万二〇〇〇石を拝領し黒田家の重鎮として八六歳の長寿を全うした。江戸時代に入り、黒田家の草創期の重臣らが減封・除封されるなか、この子孫は明治に至るまで高禄の待遇を保った。

姫路城では宗円に起請文を提出した直後から家臣達は官兵衛の安否を気遣い、情報を待つより現地に乗り込んで情報を探りに行くべしという意見が出された。若殿が裏切りに走るわけはないと信じているが、村重に殺されたのではないかという懸念があった。しかし荒木方と織田軍の戦時下において厳重な警戒網が敷かれている中に有岡城下に入るにも危険であり、官兵衛の安否を確認するには城中に忍び込むという決死の覚悟を必要とした。それをやると母里太兵衛・栗山善助・井上九郎次郎（のちに九郎右衛門・周防）ら数人が名乗り出た。そして彼らは商人や馬子の姿に変装して有岡城下に紛れ込み手掛りを探り始めた。

天正七年（一五七九）官兵衛三四歳、有岡城の獄舎の中で越年となったが官兵衛には日々に変わりなく虚しい時を過ごした。頭髪や鬚が伸び、手足も次第に萎えて、食欲もなくなり身体は痩せ衰えてきた。冬の寒さも厳しく時には雪も舞い込む日もあった。又左衛門が時折持参する衣類と新しい敷藁に助けられ、どうにか死なずに済む状態であった。

信長は昨年一二月八日の総攻撃以降、有岡城を攻めることなく包囲陣を固め置き攻撃を仕掛けようとはしない。この時期有岡城の村重の他に丹波八上城の波多野氏、三木城の別所氏及び大坂の本願寺と四つの包囲戦を持っており、いずれも相手方の戦力の衰えが見られなかった。信長としては戦意が弱り始めた敵方から攻め込む戦略を取っていた。

藤の若蔓

厳しい冬をなんとか凌いで日の差す温もりが感じられる頃、官兵衛は獄舎の庇の上から垂れ下がっている枯れたと思われる蔓に微かに緑色の膨らみが付いているのを見つけた。日が経つに連れその蔓は芽吹き次第に伸び始めていた。藤の若蔓が新芽を吹出したと気が付いた時、「生きよ」と神が啓示してくれたのだと解し、大きな自然の力によって自分は生かされるのではと新たな感動が湧き起った。そして、日々その成長を見守っていた。

この頃、栗山善助が銀屋新七の助けを借りようやく官兵衛のいる獄舎に辿りつき、官兵衛と対面することに成功した。姫路の「官兵衛救出決死隊」は有岡城下で官兵衛の消息を求めて活動を続けていたが、城内は警戒が厳しく情報も洩れ聞くこともできない状態であった。栗山善助には有岡城下で金銀細工を商う銀屋新七という旧知の者がいた。新七は商売柄城中への出入りが許されて、城中の者とも取引をしていた。善助は事の次第を新七に話し協力を依頼した。新七は姫路主従を憐れみ快く協力を約束してくれた。新七の好意で善助は一人伊丹に残り、銀屋を拠点にして彼と共に調査を続けることにしていた。

新七は城内の知人を頼り官兵衛の安否を探り始めた。やがて官兵衛が城内に幽閉され生存しているという情報を得てきた。更に獄舎の位置が城の西北方にある沼と竹林に囲まれている場所であることも判ってきた。善助は新七を案内者にして夜中に城中に忍び込み獄舎近辺を下見に出ることから始めた。獄舎の表側は見張りの者が見廻り警戒が厳しく近寄り難い。裏手は沼であり番兵もいない。沼を泳いで獄舎に取り付くことにした。善助は決死の覚悟をもって実行に移した。新七を沼の辺りに待たせ、善助は沼を泳ぎ官兵衛の獄舎の格子に取り付き中を窺った。暗い内部に身体を丸めた物体を確認することが出来た。「殿」と数度呼びかける声に中の物体の反応があった。お互いに「殿」「善助」と確認しあうと、しばらく声も出ず互いに感涙に咽び再会を喜んだ。幽鬼のような主人の姿を見て善助の涙が止むことなく流れ落ちた。しかし長居は出来ない。播州の情勢や有岡城に関わる様子を手短かに話して再度忍び込んで来ることを約束して獄舎を離れた。善助は官兵衛の入牢と生存を姫路の宗円に報告した。

その後新七の才覚で牢番に手を廻し賄賂を握らせ対面も楽になったが、決死の忍び込みは容易ではないため頻繁に実行することは困難であった。官兵衛の身体容姿は次第に蝕まれ、頭に瘡が出来、頭髪も疎らに抜け落ち、足の膝も動きが不自由となってきた。しかし、藤の生命力と善助の訪問によって生きる望みを与えられ日々を過ごした。

後年播州山崎で一万石の大名に列したとき、官兵衛は黒田家の家紋を「藤巴」とした。藤の若蔓はわが命を救い、わが家の瑞祥となった。そしてあの艱難辛苦の日を忘れまいとした。藤巴の由来は黒田家の神聖な伝承として後世に伝えられた。

半兵衛の死

信長はこの年、二月一八日安土城から上洛し二条新館に入り鷹狩りなどをして過ごした。三月四日には信忠・信雄・信孝らも上洛し翌五日信長共々摂津に向った。七日には前田・佐々・不破らの越前軍も参陣して来た。諸隊は有岡城を取り巻く付城を新たに造り、濠・塀・柵などを普請し有岡城を厳重に包囲した。

四月に入って信忠軍は三木城に向い小合戦をして城から出て来る兵を討ち取った。更に御着に進み城下を放火して廻った。政職は城内に籠って戦闘を避けた。

四月一八日稲葉彦六貞通が詰める織田方の砦に村重軍が急襲して戦意を示したが村重兵数名を討ち取り乱を鎮めた。四月末有岡城を攻める大きな戦いもなく、小競り合いも一段落して信忠や越前軍はそれぞれ国元に引き返した。信長は五月一日京に帰り、三日に安土に到着した。

竹中半兵衛は菩提山城での仕置を済ませ暫く逗留していたが、四月初め、病の回復の見込みもなく今生の別れとなることを覚悟して、京での療養を送るべく山を下った。

京での生活でも次第に衰弱し肉が落ち痩せ細ってしまった。咳と高熱も続いた。六月に入ると半兵衛は「武門に生れた者の死に場所は合戦の場である。播州三木城を攻める平井山の陣に戻る」と述べ、輿に揺られて京を発ち、六月五日平井山に到着した。道中の疲れが病を更に重くした。秀吉は涙を浮かべ半兵衛の帰陣を喜んで迎えた。秀吉は播州の情勢を伝えたが半兵衛は沈黙して話を聞いていた。

四、五日して意識朦朧の状態となり遂に六月一三日息を引き取った。三六歳の若さであった。秀吉から半兵衛の訃報を受けた信長は六月二二日自身の名代として、馬廻りに付けていた半兵衛の弟久作（重隆）を播州に派遣した。

村重有岡城脱出

荒木村重は籠城後も毛利家に対し再三の出陣要請を出していた。毛利方からは五月に出陣する、七月には参陣するという回答を得て村重は待ち続けていた。しかし毛利家としては長駆の派遣で信長に勝てる見込みはないとして兵を出さなかった。この様な時に八上城の波多野氏が落ちたと聞いて城内に動揺が走った。村重は毛利軍は必ず来ると説いて家臣を慰撫した。しかし八月に入ると毛利の援軍への期待も無くなり、兵糧も乏しくなって城中に危機感が募ってきた。村重は城中の謀反を恐れた。別所衆や本願寺衆は主従が一体となった目的があり信長と戦う価値観を共有していたが、有岡城では村重の栄華によってもたらされる利益の分け前を得ようとする主従関係で構成されており、その利益の分配に期待できなければ主を裏切り信長方に降る可能性があった。進退窮まった村重は毛利家と直接交渉し派遣を求めるしかないと考え、とりあえず包囲された有岡城を抜け出し属城の尼ヶ崎城に移ることにした。九月二日夜村重は密かに供の者五、六名を連れ夜陰に紛れて三里先の尼ヶ崎城を目指して小舟を出した。翌日朝、城主の脱城という事態が残された妻妾や城兵らの籠城衆に伝わり不安と疑惑で城内は騒然となった。村重に留守を託された城代の荒木久左衛門は城内の動揺を鎮め籠城を続ける指揮を執った。

城内の動きは包囲軍の小屋野の砦にいる信忠にも伝えられた。信忠から即刻安土の信長に報告された。信長は村重の動きに対する次の手を思案した。

この様な時の九月四日秀吉が平井山の陣から安土に来て信長に宇喜多直家の調略による織田方帰属を報告し、宇喜多御赦免の朱印状を願うため信長の側近に取次を申し入れた。信長は用件を聞いて「御定をも伺い申されず、示し合わすの段、曲事の旨」わしのいうことも聞かず勝手なことをしてけしからんと激しく怒り対面も許さず播州へ追い返した。信長の構想では宇喜多領は直家を武力で倒して切り取る方針であり、その考え方は秀吉にも伝えていた。それに対して秀吉は官兵衛の提言と行動による宇喜多調略を承認し、昨年一〇月に使者を送り、又、迎えて織田帰属を成功させていた。その後も官兵衛や半兵衛が平井山の陣に不在であっても交渉は続けられていた。秀吉方は蜂須賀彦右衛門、宇喜多方は花房助兵衛に代わって小西弥九郎行長が使者となって織田と宇喜多の提携の確約が成立の運びとなった。

小西行長は堺の薬種商小西寿徳の次男で取引のある備前岡山の豪商魚屋九郎右衛門に養子に入った者である。宇喜多直家は堺で織田方に名を知られている小西寿徳を使者として用いようとした。寿徳は備前に住む者が使者になった方がよいと思い、備前岡山にいる自分の子を薦めたのであった。小西行長が商人から武門に登場する始まりであった。

信長に追い返された秀吉はやむなく宇喜多帰属の許可願いを信長の側近に託して平井山に戻った。官兵衛と半兵衛の知恵者の不在が秀吉にとって大きな損失であることに気が付くのであった。

九月一〇日三木城に兵糧を入れようとする播州者の小隊があり、その中に御着の小寺衆も含まれていた。この機を見て三木城からも城兵を出して秀吉方の砦を守る谷大膳衛好の陣所を襲撃し大膳は討死した。秀吉は急拠主力軍を出し大村郷付近での野外戦となった。秀吉方は別所軍の主力数十人を討ち取り、別所軍を三木城に追い入れた。

秀吉は翌一一日使いを走らせ京に上洛していた信長にこの戦勝を報告した。先日秀吉はきつく叱られ追い返されたことを無念に思い、今回の合戦に励み勝利を得たのであろうと信長は解釈して、今後とも三木城の包囲を油断なく厳重にせよと書簡を送った。

九月一二日、信忠は有岡城包囲軍の半分を割いて尼ヶ崎城に向った。城の近くの七松という所に砦を二つ造り、高山右近と中川瀬兵衛らを置き村重に対峙した。

徳川家康災難

この年信長は同盟を結んでいる徳川家康との問題も抱えていた。信長は家康の嫡男信康に娘の徳姫を嫁がせていたが、徳姫と、信康の生母で家康の正室築山殿との間に確執があった。築山殿は家康からも疎まれ岡崎城外に住んでいた。この築山殿が甲州の医師滅敬を介して武田勝頼に通じ、勝頼の返書を得ていたことが徳姫に知れた。徳姫はこの姑とその子である自分の夫に対する日頃の不満と今回の不穏な動きを讒言文一二ヶ条に認め信長に送った。姫からの密書を見た信長は家康の使者酒井忠次に事の真偽を糺した。忠次は釈明しなかった。信長は忠次を通じて家康に妻子の始末を命じた。報告を受けた家康は愕然としたが「今は乱世、信長の援助を失えば当家の滅亡は必定、恩愛の情の捨て難さに先祖累代の家や国を滅ぼしてなんとする」とやむなく築山殿と信康を処置する覚悟を決めた。八月一日、家康は信長の下命に従うと返事を送り、四日信康を岡崎城から遠江堀川城に送り、一〇日二俣城に幽閉した。築山殿に対しては家臣に謀殺を命じた。岡崎城から浜松城に護送の途上、二九日佐鳴湖畔の富塚で命を受けた家臣に刺殺された。

二俣城の信康は九月一五日、「わたしが謀反して武田方に味方することとは思いもかけぬことだ。父によく伝えてくれ」と使者として来た服部半蔵正成と天方通経の両者に申し置き切腹して果てた。二一歳であった。

家康は二人の処置を終えたことを信長に報告し、降りかかるであろう災難を大きな犠牲を出したが凌ぐことができた。家康の件は信長の村重憎さを加増させた。九月二一日信長は京から伊丹に入り各砦を巡察し、一〇月八日に安土に帰った。

有岡城開城と官兵衛の救出

有岡城包囲軍の主力の将は滝川一益であった。一益はその配下の者に村重方の知人がおり、これを手掛りに寝返り工作をしていた。一益は佐治新介を使者として村重方の中西新八郎に接触し荒木離反に成功した。中西は女郎塚砦を守る足軽大将の星野・山脇ら五人を寝返らせた。一〇月一五日彼らは自身の守る砦に滝川隊を引き入れた。滝川隊はこれを突破口にして町中に入り城下に火をかけ武家屋敷も焼き払い濠際まで攻め寄せた。更に岸の砦・鵯塚の砦も攻撃し、守将の村重の妹を妻とする野村丹後は自刃して果て首は安土に送られた。

有岡城は織田軍に濠際まで囲まれて裸城状態となったが籠城衆は強固に抵抗し織田軍は城中に入ることが出来ず、再び包囲戦となった。

信長は有岡城攻撃の好転と徳川家康の件が片付き機嫌が良くなったのか、上方と毛利の交流を備前で遮断する地理的戦略上の要所と認め、宇喜多直家の調略による帰属を承認し秀吉に通達した。

一〇月三一日秀吉は宇喜多家の使者を連れ摂津小屋野に陣を置く信忠に御礼の挨拶に訪れた。官兵衛が工作した宇喜多家の帰属がようやく実った。

一一月中旬、滝川一益は信長の承認を得て、有岡城を預かる荒木久左衛門との交渉に当った。有岡城の他に尼ヶ崎城と花隈城を明け渡せば城兵や妻子の命は助けるという条件を提示した。久左衛門は城主の判断を貰うため尼ヶ崎城に行かなければならないと申し出た。一益は許可を与え久左衛門の出城を認めた。一一月一九日朝、久左衛門は有力な家臣達を引き連れ城門から出て尼ヶ崎城に向った。女子供は人質となって城内に留められた。

荒木の者が去ったあと、織田軍が銃声や喚声をあげ騒然として城内に入り、城内の守備と人質の監視のために配置についた。

久左衛門らは尼ヶ崎城の村重に面会を求め入城を要請したが門は開かず追い返されてしまった。彼らは行き場を失いその場から逃亡・離散してしまった。加藤又左衛門父子もこの時同行していたのだろうか。

栗山善助は銀屋新七の居留先でこの日の来るのを待ち望んでいた。善助は城内に入る織田信澄隊にまぎれ込み素早く城内に飛び入り官兵衛のいる獄舎に向った。「殿」と声を掛け、牢の格子の錠前を叩き壊し、牢内の官兵衛を助け起した。官兵衛は衰弱激しく身動きも思うようにならず、右膝は曲ったままで、歩くことも出来なかった。善助は屈強の男を見つけ、その背に官兵衛を縛り城外に退出させた。城門近くに信澄の陣所があった。信澄は信長の弟信行の遺児で津田姓を継ぎ近江大溝領を預かっていた。妻は信長の命で光秀の娘を迎えていた。

善助は官兵衛が節義を守り有岡城で幽閉されていたという事実を織田家の高官に認めて貰わねばならないと判断し、官兵衛を伴い信澄の陣所を訪れた。信澄は善助からこれまでの経緯を聞き目の前の凄惨な官兵衛の姿を見て感動を受け憐れみの言葉をかけた。信澄は滝川一益に報告し、京の妙覚寺に滞在している信長と三木城を囲む平井山の陣にいる秀吉に使者を走らせる手配を取ってくれた。そして有馬の湯で湯治することを勧めた。

善助は織田方の兵に官兵衛を知る者がいたので彼から食料や衣類を調達し、近在の百姓家を借りひとときを過ごした。その後善助は城下で運び手数人を雇い官兵衛を平板に乗せ有馬の湯に向った。有馬温泉の池の坊という坊に滞在した。坊の当主池坊左橘右衛門自らが親切に介護と治療を手掛けてくれて官兵衛は温泉療養生活を送ることとなった。

信澄陣中から通報を受けた滝川一益は官兵衛が節を曲げず囚われの身から凄惨な姿

で救出されたことを信長に使者を出し注進した。信長は官兵衛が助け出されたと聞き、松寿の仕置を命じたことを思い出し後悔の念にかられ、「官兵衛に対面すべき面目なし」と嘆いたが、それで沙汰やみとなった。

信長は一二月五日に高山右近の父飛騨守を越前の柴田勝家預けと命じた。一〇日に山崎に移り宝寺に逗留し、村重へのみせしめと懲らしめのため今や巨大な牢獄となった有岡城の人質の処刑を宣言した。

人質は三つの組に選別された。一つの組は村重一族の妻妾・子供や重臣の妻子三十数人が籠に入れられ、一二日夕刻から京に送り込まれた。次の組は村重の奥に仕えた上臈達や有力家臣の妻子達一二二人が一三日朝城から連れ出され、村重が籠る尼ヶ崎城の近くの七松で杭に縛られ鉄砲・槍・長刀による磔の刑が執行された。美しい衣装で着飾っていた女達が身を捩り悲鳴をあげる阿鼻叫喚の光景であった。三つ目の組は下級侍の妻子・若党・召使いであった。男衆一二四人・女衆三八八人合計五一二人を同日午後四軒の農家に押し込め、乾いた草を積み火をかけて焼き殺した。内に閉じ込められた者は灼熱の炎と火焔に咽び逃げ場を求めて跳びはね、助けを求めて悲鳴を響かせた。信長の村重への憎しみが残虐な形となり地獄の責め苦もかくの如くかと思われる情景であった。

信長は一四日山崎から京妙覚寺に帰洛し、一六日京に送っていた荒木の婦女子供達の処刑を命じた。これらの人質は牛車一台に二人ずつ、また幼い子供と付き添いの者は七、八人乗りとして京の街中を引き廻し、六条河原で斬首の刑に処せられた。処刑の奉行には越前衆の前田・佐々・不破・原・金森が物々しく武装して担当した。婦女達は肌に経帷子を着け、上に美しい小袖を羽織り死を覚悟して少しも取り乱すことなく刑に処せられた。しかし中には悶え悲しみ泣き叫ぶ小女もいた。彼女達は多くの歌を詠み残し、その悲運な生涯を終えた。村重は一族妻妾を皆殺しにされても尼ヶ崎城と花隈城を守り続けこの年を越年した。

半兵衛の恩に慟哭

信長は一二月一八日二条新御所に参内し翌一九日雨の中、安土に帰城した。安土に帰った翌日、信長は秀吉から官兵衛の嫡男・人質の松寿が生きているという知らせを受取った。

美濃菩提山城では官兵衛が無事救出されたという情報が伝わると、官兵衛の潔白と生存を信じて松寿を半兵衛が預かっていたことと、松寿の今後の取扱いについて問い合わせの使者を平井山の秀吉に遣わしていた。秀吉は書状と使者からの話を聞き、松寿の無事と半兵衛への感謝の気持ちでいっぱいになった。秀吉はその日の内に安土に使者を走らせたのであった。信長は半兵衛の行為に対し深く感悦し処刑の命令はなかったことにして、秀吉と竹中家に対する処分は不問とした。

官兵衛は湯治を続けていた。左橘右衛門の親身の介護と湯の効力で体力は次第に回復してきたが、右足の膝は自由にならず、頭髪も元に戻らず斑に生えている状態で後遺症として残っていた。付き添う善助は官兵衛が入牢した一年間の出来事を話した。特に信長が官兵衛を荒木に同心し有岡城に籠ったと疑い松寿を殺すことを秀吉に命じたこと、半兵衛が六月に平井山の陣中で病死したことを聞いた時に官兵衛は大きな衝撃を受けた。入牢中もし半兵衛の死を聞けば自分はその後生きる気力を保てなかっただろうと善助に語った。

有岡城の人質の凄惨な処刑の情報も伝わってきたころ、秀吉から松寿の無事を伝える使者が訪れた。松寿は半兵衛が菩提山城に預けていたこと、そして無事に日々を送っていることが知らされた。官兵衛は改めて半兵衛の豪胆さと叡智のある洞察力の鋭さに感動し慟哭した。そしてこの恩人の早過ぎる死を惜しんだ。又同時に信長に対する感情の変化が生じ始めた。

姫路からは小寺藤兵衛政職一族が城を捨て逃亡したと知らせてきた。政職は村重に同心したからには村重の滅亡はわが身にも及ぶは必定、抗える戦力もなく、指揮する者もなく籠城することも出来ない状態では織田軍が攻めて来る前に密かに落去しようと思った。政職は身内の者を連れ、当てもなく御着城から出奔した。城主の逃亡は側に仕えていた重臣や家臣に波及し彼等も城を去って御着城は空城となってしまった。官兵衛はいずれこの様な結果になるだろうと思い織田方帰属を説いて小寺家のためと思い行動したのであり、その先見の明を捨てた果報であると思わざるを得なかった。

お蔭で官兵衛は主君と戦う事態を避けられた。

官兵衛は驚くべき情報が多く届けられたので一刻も早く姫路や平井山に戻らねばならないと思い、湯治一ヶ月程で身体の回復途上であったが有馬の湯を去ることにした。左橘右衛門は更なる湯治を勧めたが、官兵衛の意向を聞き入れ有馬の者を手配し姫路に送り届けてくれた。

姫路城では宗円を始め一族・家臣・下僕まで嬉し涙を流し、死者が蘇生した如く官兵衛の帰還を喜んで出迎えた。宗円はやむなく一度は捨てた官兵衛が身体に不自由はあれども無事生還したことと、これまで姫路衆が一致団結して事に当ってきたことに感慨無量であり、留守を預かる身として肩の荷を降ろす気分であった。官兵衛の妻も一時夫と一人息子の命が危険な身となって生きた心地もなく日を送っていたが、両人の無事が確認され感涙に咽んだ。

官兵衛は姫路に数日滞在しただけであった。姫路で旧知の者と歓談し気力も戻ってきた。一日も早く気になる三木城攻めの平井山に帰陣したかった。平井山では秀吉が待っていた。秀吉は官兵衛の姿を見て驚くよりも再会に歓喜した。秀吉は官兵衛の獄中に於ける困難を乗り越え命を全うしてここに再対面できたことに嬉し涙を流した。この一年の間のお互いの情況を語り合う時間は瞬く間に過ぎ去った。三木城は秀吉軍の包囲網により兵糧が尽きかけ陥落目前の状態にあってこの年を越した。

三木城落城

天正八年（一五八〇）官兵衛三五歳、松寿一三歳、年明け早々、秀吉は三木城の要害を攻撃した。一月六日別所長治の弟彦之進友之が守る宮の上砦を攻めたが守兵は一戦することもなく本城に退散した。一一日には長治の叔父山城守賀相の守る鷹の尾にある新城を攻撃し城内に入り戦った。別所兵は衰弱が激しくまともに戦うことも出来ず、動ける者は賀相と共に本城に逃れたが、多くの兵が討死か自刃をして果て新城を明け渡した。

秀吉は衰弱した別所方の兵力を見て開城させる時機到来と判断した。秀吉の陣にいるもう一人の叔父孫右衛門重棟に浅野長政を付けて使者として別所方と交渉させた。重棟は別所一族の者であり城内に知られている。重棟は城内から小森与三左衛門を呼び出し長治への使いを依頼した。書状には秀吉の言葉として、摂津の荒木、丹波の波多野のように果てては末世の嘲弄、自害するのが然るべきだと書き開城を勧告した。

一月一五日付で浅野長政・別所重棟宛に別所方の三人、友之・賀相・長治の連名で返書が届いた。「去々年以来敵対に伏せ置かるるの条、謹み申し断るべき心底のところに、不慮に内輪の面々覚悟を替ふるの間、是非に及ばざる者なり……、御憐愍をもって助けおかるるにおいては某両三人腹を切るべく相定め訖んぬ……」一昨年以来の抗戦であり今回の勧告を断ろうと思っていたが、城内に覚悟を変えた者達が出てきた。是非もない。城兵を憐れみをもって助けてくれるなら我ら三人腹を切ることに決めた、という内容であった。

秀吉はこの書状に感激し、城兵の助命を約束する返書に酒樽二、三荷に肴を添えて城内に送った。官兵衛は秀吉のこの処置を喜んだ。信長の苛酷な処置と対照的な行為に安堵した。

翌一六日三木城では長治が城内の者に酒肴を振る舞い、別所一族の妻子・重臣を集め、明一七日に腹を切る旨を告げ盃を取り交わし今生の別れの宴を張った。この時賀相が「ここで腹を切れば首を取って京の大路を引き廻し安土に進上されるであろう。都人の口難にあい無念である。城に火をかけ焼け死して遺骨を隠すべきだ」として席を離れた。飛び出した賀相を追って家人共が取り押さえ刺殺し、賀相は切腹したことにした。一七日申の刻（午後四時）別所一族は白装束に身を包み順次自刃して果てた。賀相の妻は畠山氏から嫁していた。男の子二人、女の子一人がいた。友之の妻は籠城の始まる少し前に山名氏から嫁して懐妊中であり一七歳で落命。長治の妻照姫は二二歳で、五歳の竹姫・四歳の虎姫・三歳の千松丸・一歳の竹松丸の四人の子供達がいた。別所兄弟は妻子の死を見届け切腹した。長治二三歳・友之二一歳の若き生涯を終えた。

秀吉は首三つを安土に送った。三木城の籠城者は城を立ち去り城は空城となった。官兵衛は荒木の様な惨事が起らず同じ播州人として秀吉の処置に安堵した。

播州最大の勢力であった別所氏を落し、秀吉は播州一円制覇同然となった。秀吉は三木城に入って本拠地とし、播州の地を固め毛利氏と対決する意志を固めた。秀吉は姫路城を官兵衛に返却し三木城を居城にすると官兵衛に告げた。これに対し官兵衛は三木という位置は播磨においては地勢的に国を治める地には向いていない。姫路は地形広く平坦地であり諸国からの通路もよく、特に海岸から近く運送の便に適する所であり播磨を治める人の居城とするべき所であると主張した。秀吉としては官兵衛の姫路を取り上げる様な形になるので、この播州一の三木城を本拠にしようと考えていたのであったが、官兵衛の意見を採り入れて姫路城を居城とすることにした。官兵衛は秀吉に姫路城の改修を勧め自分は姫路近郊の父宗円の隠居城である国府城に移ることを申し出た。三木城が落ちる少し前に菩提山城から長浜を経て姫路に帰っていた松寿を伴い一族郎党を率いて国府城に入った。そして小寺政職の落去により小寺の姓を捨て黒田姓に復することにした。

信長石山本願寺と和睦

有岡城の荒木村重の逃亡に続いて三木城の別所氏が滅亡したことによって石山本願寺に信長の標的は向けられた。信長としては本願寺は水陸共に要衝の地であり、無傷で天下に号令を発する地としたいと思っていた。一方本願寺の顕如としては本願寺を門徒衆の総本山として保持すべく朝廷に援助を働きかけ保護を求めていた。信長は朝廷を介し本願寺明け渡しの和睦を依頼した。

三月関白近衛前久・勧修寺晴豊・庭田重保が勅使として、信長方から松井友閑・佐久間信盛が目付として本願寺に入り交渉が開始された。そして三月一七日一七ヶ条にわたる信長の起請文が朝廷を経て本願寺に渡された。顕如は下間頼廉らと評定し朝廷の院宣には逆らうことはできない。又荒木・波多野・別所の如く滅亡させられることを恐れ、籠城している門徒衆の命が助かるのであれば大坂退散もやむを得ないと結論付けて、来る七月二〇日以前には徹退することを閏三月五日朝廷の使者に回答した。

松井・佐久間の目付役は即日安土に通報した。翌六日信長は安土から長駆天王寺に到着した。七日退出の誓紙を確認し、本願寺の使者に会い当座の御礼金子を与えた。かくて一一年間続いた石山本願寺との敵対関係に終焉の時が訪れた。

本願寺では門徒の強硬派が顕如の長男教如を擁して籠城を続けることを主張していたが、顕如は講和の破綻を恐れ強硬派を残し予定を早め、四月九日雑賀衆の迎船に乗り雑賀の鷺森に退去した。

荒木村重は一族妻子を失ったが尼ヶ崎城と花隈城に籠り抵抗を続けていた。閏三月二日花隈城に対峙する織田方の砦に村重方の城兵が攻めて来たが、砦を預かる池田恒興父子らの働きによって城兵はことごとく討ち取られた。さすがに村重の戦意も衰え、花隈城の荒木志摩守元清に後を託し尼ヶ崎城から毛利領の備後鞆を目指して逃れた。元清もしばらく滞留していたが後を追って行った。六月末信長は村重に離反した中西新八郎・星野左衛門ら五人を罰することなく池田恒興の与力に組み入れることを命じた。

四月二四日秀吉は織田方に叛していた西播州の山崎城の宇野祐清を攻め城兵二五〇人余りを討ち取り山上の城に追い詰め、砦三つを築いて包囲した。その余勢で英賀城の三木通秋の攻撃にも着手した。通秋は一戦も交えず船で退散した。秀吉は残った領民の仕置を終え姫路に帰陣した。

六月五日山崎の山城に籠っていた宇野祐清が夜半に逃げ去ろうとしていた処を砦の守備の蜂須賀隊が見つけ、追撃し数十人を討ち取り城を攻め落した。その翌日から秀吉軍は播磨隣接の因幡・伯耆の境界まで出陣した。諸豪族は戦うことなく人質を差し出し降伏した。

播磨一国を切り取り終えた秀吉は播磨に隣接する但馬に進出して敵対する城を落し、竹田城に秀長を残し姫路に戻った。官兵衛は但馬行きには同行せず姫路城と国府城を往来し国政と姫路城改修の奉行を務めていた。

八月二日、教如も遂に本願寺を明け渡し雑賀や淡路島から迎えに来た船に乗り退去した。この時放火か失火があり、堂塔伽藍ことごとく焼け落ち三昼夜燃え続け本願寺は灰燼となった。

信長は八月一二日に京から大坂に来て本願寺を検分した。ここで信長は本願寺攻めが長引いたのが気に入らなかったのか、本願寺包囲戦の主将で講和時の使者役を務めた佐久間信盛に対して一九項目を並べた折檻状を自筆で書き、追放をいい渡した。信盛父子は即日高野山に向ったが、その後高野山滞在も許されず紀伊熊野の山奥に逐電した。一七日信長は大坂から京に戻り、ここで重臣の林佐渡守通勝・安藤伊賀守守就・丹羽右近に対し追放をいい渡した。理由は以前信長の意に沿わぬ行為をしたということだった。

第二章

官兵衛一万石大名となる

播州の平定が一段落した時点で、秀吉は官兵衛のこれまでの智謀・武略・忠誠心に接し並々ならぬ優れた人物と判断し、その働きを賞して所領を与えた。秀吉は天正八年（一五〇八）、九月一日付の書状を添え官兵衛の知行として揖東郡（揖保）福井庄六二〇〇石・石見庄二七〇〇石・上下伊勢村一一〇〇石都合一万石で大名に取り立てた。

このことによって主君であった御着城の小寺政職が落去した後、官兵衛の身分は秀吉の家臣という形になった。官兵衛は宇野祐清の討伐によって空いた山崎城を居城として移った。山崎は館野（竜野）の北四里ほど、揖保川とその支流の菅野川に挟まれた小盆地の北にある。城は篠の丸山に山城として築かれていた。官兵衛は不便な山城を好まず麓の鹿沢に新城を築いた。長年住み慣れた姫路を去り黒田一族とその家臣・家族達は山里にある新本拠地に移った。

秀吉は官兵衛を一万石の大名に取り立て今後は軍陣には旗を立てることを申し付け

た。官兵衛は父宗円に旗の制法を尋ねた。宗円は「近年わが家は衰微して正規の旗もなく中絶していた。今再び旗を立てることは家門の興隆の機である。当家は佐々木氏の流れであるから佐々木家の法を用いることだ。佐々木家の旗は二尊の旗といって混白の真ん中に四目結の紋があり、上に八幡大菩薩・佐々木大明神の名を書き付けてある……」と答えた。官兵衛は佐々木家と同じ旗では如何かと思い、上下を黒く中を白くした「中白の旗」を提案した。宗円も同意し官兵衛の意に従い六本の旗を仕立てることにした。

馬幟は白絹で大きな吹貫とした。官兵衛は旗を制定する際には色々な作法があると聞いているが如何するかを宗円に聞いた。宗円は佐々木家や他家には諸法があるが当家には作法はない。姫路の宗廟である惣社大明神で祈祷し御神体を勧請すればよいと答えた。官兵衛は宗円の言葉に従い大明神の社に旗を立て、一七日の祭礼・祈祷を行った。この時の旗の上下の黒部分は一尺四、五寸であったが、後天正一四年（一五八六）九州陣に発する時に黒の部分を長くした。この時に「中白の旗」と呼ぶようになったという。これ以後官兵衛は軍陣の先頭にこの御神体を勧請した旗を立て、神明の保護により一度も凶事に遭うことはなかった。

鳥取出陣

九月、秀吉は因幡に入り鳥取城を囲んだ。城主山名大蔵大輔豊国は重臣らの反対を退け城を出て降伏したことで、秀吉は姫路に帰陣した。ところが鳥取城では中村春続・森下道誉らの重臣が城主豊国の不甲斐なさに不満を持ち、城主と行動を共にせず城内に留まり毛利方帰属を継続するため山陰地方を預かる吉川元春に城将の派遣を要請した。城を追い出される形になった豊国は後に禅高と称し秀吉の御伽衆となった。

鳥取城からの要請を受けた元春は吉川家から牛尾大蔵左衛門元貞を派遣したが、のち市川雅楽允に代えた。しかし重臣らはこの先織田方と戦うことを見越して吉川一族の者の派遣を願い出た。元春は再考して石見の福光城の城主吉川経安の嫡子吉川式部少輔経家に鳥取城入りを命じた。

天正九年（一五八一）官兵衛三六歳、松寿一四歳、二月経家は自軍の手勢四〇〇人を連れ石見の居城を発した。再び生きて帰ることはないと覚悟して自分の首桶を用意していたという。三月一六日因幡の鳥取城久松山に入り城兵四〇〇〇人で籠城し織田方の攻撃に対峙した。

三月秀吉は官兵衛に対して朱印状を発して、揖東郡越部庄など一万石を加増した。

官兵衛は都合二万石を領することとなった。官兵衛は既に兵五〇〇人を有していたがその兵力に見合う石高を得ることになった。

六月二五日秀吉は鳥取城の攻撃に向け二万人の軍勢を率いて姫路を発し、七月五日鳥取城近くに到着した。今回も渇殺の戦法を用い、一二日秀吉軍は鳥取城と隣接の丸山城の二城を遠巻きに囲い始めた。秀吉本陣は鳥取城の東北方にある帝釈山に置き、山頂を削り土塁を築き仮本陣とした。鳥取城の周囲二里を包囲し、柵・濠・塁・塹壕を築き五町（五〇〇メートル）毎に番所を作り足軽五〇人を置き、一〇町毎に三層の櫓を設け、弓鉄砲隊二〇〇人を配置した。夜はかがり火を燃やし明るくした。鳥取城に通じる街道・水路・海上も厳重に警戒した。秀吉得意の土木工事は技術も進化し工程段取りも手際よく進められた。

官兵衛は鳥取城包囲作戦に当り、包囲網を厳重にすることは当然として、その前に鳥取城周辺の米穀を買占め、城内に入る兵糧を遮断する方案を提言し秀吉に採用させていた。秀吉軍が鳥取に入る前に、若狭の商船を因幡の港に廻し、商人に高価で米穀を買い取らせた。土地の者は高価に飛びつき米穀を売りに出し、城内でさえ売りに出す者が現われた。集まった荷は船に積み但馬の秀長のもとに送らせた。こののち秀吉軍が鳥取城に到着し、付近の農民も城内に追い込んだのであった。

城内本丸は吉川経家、二の丸は森下道誉、三の丸は中村春続、少し離れた丸山城には山県九郎左衛門が主将として守りの陣を固めて毛利の援軍を待っていた。

八月中旬、安土の信長のもとに鳥取城救援のため毛利方の吉川軍が動いたという風説が立った。信長は丹後の細川、丹波の明智、摂津の池田に対して、号令があれば即日出陣できるように指示を与えた。命を受けた細川・明智勢は兵糧を船に積み因幡の河口に荷を降ろし滞留させた。八月一四日信長は高山右近に使いをさせ秘蔵の馬三頭を秀吉に届けさせた。右近には鳥取陣の仔細を報告するようにいい含め、更に鳥取城包囲網の秀吉軍から兵を割いて四国征伐に向うように命を与えた。その後右近はひと月程して鳥取から帰り、絵図を示して磐石な態勢を取っている秀吉陣の戦況を信長に報告した。

鳥取城の包囲網の態勢を整え終ろうとした時期に四国行きを命ぜられ秀吉は困惑した。敵と対陣中に兵を割いて他の陣に応援に出すという方法は信長には珍しいことではなかった。しかし今回の件は秀吉にとって辛い命令であった。いつ毛利の本軍、特に強力な吉川軍の救援が来るか。鳥取城を落す前に出て来ればここで決戦となる。秀吉としては陣を離れる訳にはいかなかった。拒否することもできず、困った秀吉は官兵衛を呼んで自分の名代として四国に行ってくれと告げた。官兵衛は秀吉の名代という仕事に意気を感じたが播州と違って四国情勢については予備知識に疎く、一抹の不安はあるが引き受けることにした。

淡路・阿波出向

四国は室町幕府草創の頃は全土を細川氏が守護として領していた。その力は次第に衰弱し、その家老であった三好氏が勢力を強め、その重臣の松永氏と共に四国を治め畿内に進出していたが信長に敗れ、力も弱ってしまい信長方に帰属するようになっていた。縁を強くするため信長に請い秀吉の甥（姉の子で後の関白秀次）を養子に迎えていた三好康長（笑岩）の本拠地である阿波に、土佐を本拠とする新興勢力の長宗我部元親が侵入して来たことから、三好氏は信長に救援を求めて来たのであった。

三好家は長慶のあと、その弟実休の子三好長治が殺害され、長治の弟存保が讃岐の名家十河氏に堺から呼ばれて入っていたのを阿波の屋形として勝瑞城に迎え入れていた。しかし多くの阿波の国人は十河存保に従うことを嫌った。存保の統治する力も乏しく三好氏の権勢は衰え、それに反比例して土佐から進出して来た長宗我部元親に降る者が多くなっていった。

三好氏は秀吉と誼を結び織田方に帰属していたことから危機を回避すべく信長に派兵を請願した。それで信長は秀吉に三好氏救援の派遣を命じたのであった。信長の天下平定の計画では四国征伐はまだ先にあったが、土佐の元親の急激な進出により四国全土を制する勢いを断つ必要性があった。

官兵衛は秀吉に、今回の援軍の兵力では元親を討伐するはもとより四国を征することは無理なことであり、淡路島を征し阿波の織田方の三好氏の諸城の守りを固め信長本軍を待つべきであると告げ、同意を得た。秀吉は信長にこの意向を伝え許可を貰った。秀吉は官兵衛が鳥取城を離れる前に秀吉本軍にいた仙石権兵衛秀久・生駒甚助・明石与四郎を部隊長に命じ淡路と阿波に派遣した。

官兵衛は鳥取城を去り播州の新居城山崎で支度を整え飾磨港から船に乗った。山崎城では父宗円が重い病で臥せっていた。官兵衛は父の側に居てやりたいが戦の命であれば離れることはやむを得ない。松寿に看病を托した。一四歳の松寿は昼夜宗円の傍らで薬湯を与えるなど甲斐甲斐しく働いて周囲の者を感激させた。

官兵衛は先発して淡路の岩屋で待つ仙石権兵衛の拠点に向い合流した。秀吉の直臣でこの度一手の将をまかされて武功を立てようと意気込む権兵衛を立て、彼が捉えた情報と戦略を聞き出した。官兵衛は淡路の攻略は殺戮を控え人々の心を獲ることが肝心である、人を殺せば後に怨みを受け一揆などが起り治政に混乱を招く元となると説いた。権兵衛は信長や秀吉の残忍な戦法や戦後処理を経験しており、官兵衛の説く言葉に感服した。官兵衛は淡路の諸豪族に使いをやり織田帰参を勧めた。その後権兵衛と共に淡路北端の岩屋から南下し野口孫五郎の居城である志知城に入った。野口氏は三好一族の出身で織田方に誼があった。官兵衛はこの志知城を拠点にして阿波対策の構想を練った。

官兵衛は度々秀吉に書状を送り情況を報告していたが、秀吉は九月一二日、一六日付で返書を送って官兵衛を鼓舞した。官兵衛は織田方帰属の淡路衆を加え仙石権兵衛を十河存保のいる阿波の勝瑞城に入れた。生駒甚助隊と明石与四郎隊は三好氏の重臣篠原自遁のいる木津城（無養城）に入っていた。官兵衛は秀吉軍の部隊長に対して、阿波・讃岐の三好氏に帰属する諸豪族から織田氏との盟約を守る証しとして人質を取り志知城に送り住まわせることを申し送った。次いで官兵衛は阿波に渡り、木津城の自遁と先発していた権兵衛と共に阿波に出没する長宗我部勢とそれに呼応する国人豪族に対する対応を協議した。又、勝瑞城に出向き十河存保と会見し阿波・讃岐の情報を得た。

官兵衛の阿波滞在中、九月二四日付の秀吉の書簡を携えた小西弥九郎行長が使者として訪れてきた。小西行長は宇喜多家と秀吉の渉外を担当している内に秀吉にその才能を見込まれて秀吉に仕えるようになっていた。後年行長は秀吉の重任を務め、一族も豊臣家の内政に参画するようになった。

今回三〇〇〇人ばかりの兵力では元親勢を阿波から撃退し追撃する能力に不足があり、これ以上の侵攻を食い止め現状を維持し織田本軍の来援を待つしかない。防備を固め籠城に堪え得る準備を指示し、秀吉には兵糧・鉄砲・弾薬の送付を依頼すると共に四国征伐の早期凍結を提案する書簡を送り、官兵衛は淡路の志知城に戻った。官兵衛の意を受けた秀吉は四国征伐を一時凍結し中国攻めに取り掛かることを信長に申し送り承認を得た。

一一月一五日官兵衛は仙石隊・生駒隊と信長の命を受けて摂津から来た池田元助（恒興の長男）隊と共に由良に向った。由良城では三好氏の縁戚に当る安宅猶重が城主として敵対したが、降伏勧告を受け入れその日の内に開城し安宅の本拠地紀州熊野の安宅浦に向け退去した。安宅氏は熊野海賊の一派で熊野の荒波に耐える大船を造り安宅水軍を構成し、淡路に進出し由良・洲本地方を支配していた。この大船を安宅船と呼ぶ由来となった。後に安宅氏は秀吉に帰属し紀州に領地を与えられた。

秀吉は一〇月二五日鳥取城を降し因幡に迫って来ていた吉川元春軍への対応を終え、一一月八日因幡を離れ姫路に帰陣する段取りを整えると共に官兵衛に対し姫路への召還の使いを出していた。秀吉の求めに応じて官兵衛は由良城の開城のあと自分の隊が去っても残留隊が淡路を支配可能と判断し、淡路を離れ姫路に向った。残留隊はその後岩屋城に入り淡路全島を制した。

鳥取陣では官兵衛が四国に去った後も鳥取城包囲網は厳重に警備され籠城衆の兵糧は断たれていた。一〇月に入る頃には貯えも底をつき始め木の葉・雑草を食べ、稲株は上々の食物となり使役の牛馬を殺して食べた。防備柵に助けを求めて近付く者は鉄砲で撃たれた。撃たれてまだ息のある者には刃物を持って人々が集まり人肉を切り離して食べるという餓鬼地獄の惨状が起った。城将吉川経家はこの惨状を見て自らの命に代えて籠城衆を助けることを条件にして開城を申し入れた。秀吉は信長に伺いを立て許可を得てから経家の申し入れを承認した。一〇月一五日経家は城内の真教寺で森下道誉・奈佐日本之介と共に切腹して果てた。経家は死に臨み「日本二つの御弓矢の境において切腹するは末代の名誉のこと」と遺言状を書き置いた。二五日鳥取城を開城し籠城者を解放した。あまりの衰弱に不憫に思い粥など食べ物を与えたが、飢えていた者達は一度に貪り食いをしたため頓死者が多数出る始末であったという。

秀吉は城代に宮部継潤を入れて守らせ、翌二六日伯耆の織田方に帰属している南條元続の羽衣石城とその兄小鴨元清の岩倉城の近くに、出雲から吉川元春が進軍しているという情報に対応して両城救援のために先発隊を派遣した。次いで二八日鳥取城包囲を解き兵をまとめた秀吉本軍が出発し、羽衣石城と岩倉城に向った。秀吉は圧倒的な兵力を持ちながら元春軍の強力な戦闘力を考慮し、兵員の損傷を恐れ戦うことを控えた。織田方の両城と秀吉陣営に兵糧と弾薬を補充し、七日間ほど滞陣のあと蜂須賀小六と木下平大夫を押さえとして残し、陣を離れ一一月二〇日姫路に帰還した。

秀吉と官兵衛は姫路に帰還し再会した。互いの戦果を報告し、次の戦略を語り合った。いよいよ毛利家との決戦が迫る前の小康のひと時を迎え官兵衛は山崎城に帰った。父宗円は病状も快方に向っており平穏に過ごしていた。

秀吉は鳥取城の報告と御歳暮の莫大な進物を携えて一二月二〇日姫路を発ち安土に向った。安土は遠国近隣の大名・小名や織田一門衆などが歳暮祝品を持参して賑わっていた。秀吉の献上物は彼等の品々を圧倒する数量で信長の他、女房衆や御連枝衆、更に信長の側近の者にも用意されており、周囲の者を驚かせる秀吉一流のパフォーマンスの発揮であった。信長は「大気者よ」と驚き賞賛し、二二日褒美として御茶湯一二種を与え自ら饗応した。数日滞在し秀吉は安土を離れ姫路に帰った。

天正一〇年（一五八二）官兵衛三七歳、松寿改め長政一五歳、この年の正月、安土では諸国の大名・小名や御連枝衆が集まり年賀の儀があった。暮れに姫路に帰ったばかりの秀吉も再度安土に呼び戻された。近在の一般の人々にも安土山城内の総見寺が公開され多数の人々が集まり、百々橋口から詰めかけて石垣が崩れ落ち死人も出る騒ぎとなった。御連枝衆、大名・小名及び安土留守侍衆達は総見寺を拝礼の後に、天主閣に案内され御幸の間や江雲寺御殿を拝見した。狩野永徳の絵や金を貼り巡らした黄金の輝きのする部屋が続いていた。その後白洲に出て各自一〇〇文の金子を信長に手渡し、信長は賽銭箱に投げ入れるという座興を行った。信長の重臣達はこの正月を酒宴と茶会で過ごした。

一月九日備前・美作及び備中半国を領していた宇喜多直家が病死した。直家は前年より衰弱が激しく、官兵衛が岡山城に訪れた際には嫡子八郎（のち秀家）がまだ一〇歳と幼く宇喜多家の行く末を案じ事後を秀吉に託すことを官兵衛に依頼していた。秀吉は毛利氏と対決する際には宇喜多軍を先鋒とする予定でおり、宇喜多家の懐柔策として直家の死を機に八郎を元服させ秀家と改め自分の養子とした。

一月二一日秀吉は宇喜多家の重臣を率いて安土の信長を訪れ秀家の家督相続を願い出た。信長はこれを認め、秀家は幼くして岡山六〇万石を継承した。


御着城を落去した小寺政職はその後中国の各所を流浪し、官兵衛にすがって信長の御赦免を求めていた。官兵衛は秀吉を通じ信長に政職の復権を嘆願したが、信長は拒否し、命は取らぬが追放処分とした。

その政職が漂泊先の備後の鞆で死亡したことが官兵衛のもとに伝えられた。官兵衛と宗円は残された旧主一家の零落を憐れみ、黒田家が彼等を養育することを秀吉に申し出て許可を得た。官兵衛は家臣の衣笠久衛門（のち因幡）を鞆に遣わして政職の遺児氏職やその姉妹を播州に迎え入れた。政職の遺族が飾磨津に到着したとき、黒田一族とその重臣らが鄭重に出迎え厚くもてなした。官兵衛は飾磨津に新居を建て遺族を扶養した。小寺氏はその後筑前に移り、黒田家の客分として明治期に至った。氏職は後年有庵と号し大宰府で寛永四年（一六二七年）に亡くなった。

武田氏滅亡

二月一日信長がかねてより調略を続けていた信州福島城主木曽義昌が、美濃の苗木久兵衛を通じて武田氏を離反し織田方帰属の旗色を示したことが信忠に届けられ、即安土の信長に注進された。

武田方では翌二日、木曽謀反を聞いた勝頼は新府城から兵一万五〇〇〇人を率いて諏訪の上原に陣を置いた。さらに勝頼のいとこ武田信豊を将とする一軍は信州府中（松本）から木曽に向い、勝頼の弟仁科信盛を将とする軍は上伊那に向った。

三日信長は勝頼の動きに対応し武田討伐を命じ、駿河から徳川家康、関東方面から北条氏政、飛騨から金森長近、そして伊那と木曽からは信忠軍と信長本軍が攻めることにして出陣の準備に入った。信忠はその日の内に先鋒隊を派遣した。六日信忠の先鋒隊は伊那口の滝ヶ沢砦の下条氏を降したのを始め諸城を落し高遠城に近づいた。一六日木曽口では武田方の今福筑前守が鳥居峠まで兵を出していたが、木曽勢と苗木勢が撃破して砦を奪取した。そこに織田勢の織田長益（信長弟のち有楽斎）勢が来て峠を守った。

家康は一八日浜松を出て二一日に駿河に入った。駿河の江尻城に勝頼のいとこであり妹婿である穴山梅雪が武田家の駿河探題の形で在城していた。家康はこの梅雪を調略していた。梅雪は調略に応じて二六日夜風雨に紛れ甲府に置いてある妻子を盗み出して連れ帰った。勝頼は一族の重臣を失ったことを聞き、二八日諏訪から新府城に戻った。

三月一日信忠軍が高遠城に取り付き、翌二日攻撃を開始した。城主の仁科三郎信盛は彼の重臣達が逃げ出しても踏み止まって討死の覚悟を決めていた。信忠軍の攻撃に城中の女・子供も武器を取り奮戦し全員討死した。信忠軍は更に進んで、三日上諏訪の高島城を落とした。同日木曽口の織田長益軍も深志城に入った。

新府城の勝頼は各地から敗報が届いたうえ、一族重臣の者も逃亡し、二万余人の軍兵が今や三〇〇〇人ばかりになったことから、諸将を集め軍議を開き対応策を諮問した。勝頼の嫡子信勝は新府に留まり討死を主張したが、真田昌幸は自分の持城上州岩櫃城に籠ることを提言した。勝頼はこれを採用し昌幸を上州に先発させた。その後小山田信茂がわが居城郡内の岩殿城も要害堅固であると入城を勧めた。真田は三代の家臣、小山田は譜代の家臣であり信頼できるという寵臣長坂釣閑の言葉に乗って勝頼は岩殿城行きと決め、小山田を居城に帰らせた。三月三日勝頼は集めていた人質を中に籠めて新府城に火をかけ岩殿城を目指した。

三〇〇〇余人の軍勢も一夜にして七〇〇人程に減っていた。夕方に勝沼近辺の柏尾に到着した。一日に旅程八里程歩いていた。ここに小山田方から迎えの者が来ることになっていたが誰もいない。この夜も又逃亡者が出ていた。六日にようやく小山田方から使者が来た。翌日夜この使者は勝頼が人質としていた小山田信茂の母親を連れて逃げ去った。勝頼一行は更に岩殿城に向け進んだが途中笹子峠で小山田方の兵が出て進路を阻んだ。小山田信茂の裏切りに遭った勝頼は進路を変えて天目山方面を目指して進み、途中の田野の平屋敷に柵を巡らし暫時の休憩所とした。ここに女・子供五〇人、兵四十数人と共に九日から一一日まで滞在した。

一一日勝頼を捜していた滝川一益軍がこれを見つけ出し屋敷を囲み攻め寄せた。勝頼一行はもはや逃れ難いことを覚悟し、女・子供を刺殺し兵は斬って出て討死した。残っていた一行全員が死亡し武田家は滅亡した。勝頼三七歳・信勝一六歳・北条氏夫人一九歳。

三月一六日信長は飯田に滞在中の所でこの知らせを受け、勝頼・信勝・信豊・信盛の首を京に晒すことを長谷川宗仁に命じた。その後信長は高遠を経て諏訪に入り戦後の地行割を行い、四月二日帰途についた。

備中高松城へ

　秀吉は信長の命を受けていた中国征伐に、三月一五日二万人の軍勢を率いて姫路から備前岡山に向った。備中の毛利方の諸城を落した後にはその先に毛利氏との対決がいよいよ迫っていた。秀吉の陣には信長の四男で秀吉の養子となっている於次秀勝が初陣として加わっていた。官兵衛の軍には松寿改め吉兵衛長政の萌黄威の鎧を着けた初陣の姿があった。途中官兵衛の祖父重隆が住んでいた福岡に宿営し一九日岡山郊外の宇喜多家の持城である沼城に到着した。宇喜多家の重臣達が岡山城から出向いて秀吉軍を迎えた。ここで遅れて来る兵を待ち陣を整え、宇喜多方との懇談を重ね、四月四日宇喜多家の本拠地岡山城に入った。

　宇喜多氏の勢力圏の備前と美作に接した備中の国境近辺に毛利氏帰属の七つの城が宇喜多氏の寝返りあとの毛利方の最前線として北から南に構えられていた。最も北に宮路山城、冠山城、主戦となる高松城、その近くに日幡城、松島城、加茂城そして庭瀬城が足守川に沿って備後に進む路を阻む防禦線となっていた。備後の三原に小早川隆景の居城があり、備中の諸城を支援し結束を固めていた。

七城の中の主城は要害堅固で城攻めが難しい城将清水長左衛門宗治の居城高松城である。秀吉は官兵衛に蜂須賀小六を付けて清水宗治の誘降を求める使者として岡山城から送り出した。官兵衛と小六は備中に入り吉備津彦を祀る神社のある宮内村で宗治の使者を待った。既に高松城の宗治に書簡を送り対面の手筈を整えており高松城から二人の使者が訪れた。官兵衛は「織田方に付いて味方になれば備中備後の二ヶ国を与える」という信長の朱印状を与え織田方の意向を伝えた。使者は城に戻り宗治の回答を携えて再び現われ宗治の拒絶の言葉を伝えた。「信長公の御誓紙の件、有難いことであるが多年毛利家に帰属し国境の要所を預かり主恩浅からず。逆臣の身となることは屍の上の恥辱である」と丁重な謝絶の宗治の言葉を持ち帰って来た。官兵衛は宗治の意志の固さを覚り、引き帰って秀吉に報告した。後日、再度接触を試みたが不調に終った。

されば七城を武力で攻略すべく、四月一四日秀吉は自軍二万人と先鋒軍として宇喜多勢一万人で備中に進軍した。本陣を高松城の北方にある竜王山に置き、先ず宮路山城と冠山城（巣蜘塚城）を攻めるべく兵を二手に分けた。冠山城は宗治の娘婿の城主林三郎左衛門重真以下三〇〇余人の城兵で守っていたが秀吉の誘降を拒否し、宇喜多軍を主体とする攻撃に多数の死者を出し城主重真は切腹し四月二五日に陥落した。この時黒田軍七〇〇余人は先陣を務め奮戦した。初陣の長政は戦陣に出て敵を討ち取り功名をあげた。

宮路山城は最も北部の山間地にあり高松城の北の守りの役をしていた。城は毛利家譜代の将である乃美弾正忠景興とその嫡子元信が守っていた。官兵衛は宮路山城攻撃陣の秀吉本軍に加わり、包囲陣形の一方を開けさせ城への水の補給路を断った。城将父子を始め城内の者は包囲の開いている方から城を捨て逃げ去った。

秀吉は高松城北方の二城を落し本命の高松城を攻めるべく戦陣を移動した。高松城は背後の北方に山地があり、三方を沼で囲み一方は広い濠を掘って水を満たしている水に囲まれた堅固な平城であった。城の大手門に向い一本の道路で外界と結んでいた。城内には宗治勢三〇〇〇人と毛利方から軍監として派遣された末近左衛門信賀勢や付近の農民五〇〇人、合わせて五五〇〇余人が籠城していた。本陣を石井山に移した秀吉は二城を落した余勢をかって、四月二七日即座に高松城攻撃を開始した。しかし高松城の守りは固く城内から放つ鉄砲に秀吉軍は数百人の死傷者を出して初戦の攻撃は失敗に終った。武力攻撃では犠牲が大きいと見た秀吉は眼下に見る高松城を取り巻く地勢に着目して、南方の野に堰堤を築き足守川の水を城の方へ流せば城は水没するのではないかと思い立った。秀吉は本陣を蛙ヶ鼻に移し、現地に足を運び水攻めの構想を練った。城の西北方に陣する宇喜多軍と加藤清正隊の門前村付近を取水口にして、城からの鉄砲の射程ぎりぎりを通り城の南東にあたる蛙ヶ鼻との間約二六町（二・七キロ）と設定し、堰堤は高さ四間（約七メートル）、根敷（基底部の幅）一二間（約二一メートル）、馬踏（上部の幅）六間（約一〇メートル）と大規模な縄張りを考案した。短期に仕上げるには莫大な人夫と工賃が見積もられたが着工を決断し、五月八日から工事を始め一九日にはほぼ完成をみた。次に足守川の流れを塞き止め水流を変える工事となった。足守川の水量と水圧で投入した石や土嚢は流されて工事は難航した。そこで秀吉はこの仕事を官兵衛に預けた。

官兵衛は水の流れとこれまでの塞き止めの失敗した様子から判断して、一度に集中して仕切りを投入すべき方法はないかを思案し近臣の者に諮った。官兵衛のめのとごの吉田六郎大夫長利（六之助・後年壱岐）が「何艘かの船に大石を積み重ねて船を並べ、船底の栓を一勢に抜けば船は石と共に沈む、そこに石・柴木を投入し埋め込む方法」を提案した。官兵衛は六郎大夫の発想を喜び褒めて、さっそく海船を二、三〇艘、港で手配させ川を溯らせる一方、船に積む材料を用意させた。石を積んだ海船を隙間なく繋ぎ、並列に配して一斉に沈め石や柴木を投入れた。水流は計画通り城の方へと向って行き塞き止めは成功した。その後に堰堤を築き補強を重ねた。大小七つの河川の水は梅雨時でもあり降り続く雨で水嵩を増して城を取り巻いて行った。毛利勢の攻撃に備えて堤の上に柵を巡らし、下には小屋を造り常番を置き、日夜の警戒に当った。

秀吉は城の周囲が湖水化したところで港から船を運び入れ大船には大筒を載せ城に近づき城壁を砲撃して破壊させた。小舟には鉄砲隊を乗せて射撃させた。これらの砲撃隊は浅野長政と小西行長に指揮させた。

堰堤工事中の頃、秀吉は信長に使者を送り、備中二城を落し高松城の水攻めを始めているとの報告と、毛利勢が高松城救援に動き出したことを察知した情報を伝え信長本軍の出動を要請した。秀吉としては自軍のみで毛利方に対抗して優位な戦いを進める自信を持っていたが、信長の力を借りて毛利軍を破る形にして、自分の功を抑制して信長の威力によって実現したものとすると思慮していた。長年信長に仕えて得た秀吉の鋭い処世術であった。

信長は甲州の仕置を終えて駿河・遠江・美濃を経て四月二一日安土に帰着していた。帰路中に徳川家康は街道を整備し休息用の茶屋を設け信長の道中に徹底的な接待を試み信長を感服させていた。ここにも信長の威力に遜る者がいた。信長は家康と穴山梅雪を安土に招待しての饗宴を五月一五日から一七日までの日程で計画し両名を呼んだ。接待役を明智光秀に申し付けていた。この時期に秀吉からの使者が安土に到着し信長の出馬を願う秀吉の言葉を伝えた。信長は毛利軍が長駆の遠征に出たことを好機と捉え、「天の与ふるところに候」と信長自身の出馬で一気に毛利氏を討ち、九州まで進出する決断を下した。

家康の接待役をしていた光秀に接待の不備を理由に急拠その役を取り上げ中国出征を命じた。光秀の他細川藤孝・池田恒興・高山右近・中川瀬兵衛・塩川吉大夫に先陣を申し付けた。これら先陣の諸将は五月一七日安土を離れ各自の本国に帰り出陣の準備に取り掛かった。信長の意向を秀吉に伝えるため堀久太郎を備中の陣に派遣した。家康・梅雪主従一行は二〇日まで信長の饗応に与り翌日から京・大坂・堺の見物に旅立った。

毛利方の最前線である高松城の危機を救援すべく毛利勢が総力をあげて出動し、五月二一日吉川元春軍が足守川西岸、城から一里（四キロ）の岩崎山に陣を置き、小早川隆景軍が城から二里の日差山に陣を張った。

そして総大将の毛利輝元軍は安芸吉田城から出陣し城から西へ六里ある元就の子穂

田元晴の居城である猿掛城に入り本陣とした。吉川軍と小早川軍で三万人の兵力は秀吉方の兵力と同等の規模であった。両軍の力が均衡して双方合戦を控え対陣を続けた。この間にも高松城を取り巻く水面は上昇していった。

毛利方の山陽道に於ける総司令官を務める小早川隆景は水面に囲まれた高松城と秀吉の陣備えを眼下に見て救援が遅かったことを覚った。秀吉軍と戦闘し五分に戦ったとしても信長来援時には勝つ見込みはなく、ここで一戦し敗残すれば自国の備後はもとより毛利家本国の安芸まで攻め込まれる危険性があると感じ取って、兄の吉川元春とその嫡子元長父子の主戦論を制して秀吉方の動きを見守り対峙した。このままでは高松城の水没は避けられないと見て、忠誠心の厚い清水宗治を主家として合戦なしに救うには如何すべきかと隆景は元春と協議を重ねた。隆景は元春に同意を得させ宗治に秀吉への降伏を勧め、城兵を救助する方策をとり高松城へ密使を派遣した。宗治は降伏することを拒否したが日毎に水面が昇る情況に籠城は堪えられなくなっていることから、自分の命を差し出し城兵の助命を嘆願することを決意し、共に籠る兄月清・弟難波伝兵衛それに毛利家の軍監末近信賀の同意を得て、隆景宛の返書を密使に托した。隆景は宗治の覚悟を受け、現状では動くこともできず孤立する高松城の主従を思いやった。隆景はなおも主戦論を説く元春・元長父子に毛利家の破滅の恐れを諭し、和議を結ぶことを輝元に上申して承認を得た。和議の条件として備後・備中・美作・因幡・伯耆の五ヶ国の割譲という毛利家の領国の半分を毛利家の生き残りのための代償とした。

一方秀吉陣では官兵衛が秀吉に毛利氏との和睦を勧めていた。対等の兵力でたとえ勝ったとしても多大な犠牲を出すことになるだろう。高松城は水攻めで落ち、信長本軍の援軍がやがて到着するであろうこの時期に交渉すれば当方に有利な条件で講和できると秀吉に進言した。しかし秀吉としては信長の方針は武力をもって毛利氏の領国を奪い取ることにあるのをよく承知していた。先の宇喜多氏調略時は信長の意に反することをしたと激怒され安土から追い返されている。信長の思考・行動を見極めて仕えている秀吉にとっては信長の専制体制から外れた行動は身の破滅になりかねないと解していた。秀吉は信長の援軍が到着するまではこのまま毛利軍と対峙し、来援のあと合戦に入ると思案していた。しかし高松城は援軍の来る前に落し決着をつけておきたかった。

この様な時、毛利家から使者として外交僧の安国寺恵瓊が秀吉の本陣に派遣されてきた。恵瓊は京の東福寺の退耕庵の座主で、この度毛利家の総出動態勢にあたり京から呼ばれていた。恵瓊は「毛利家としては戦いを回避し織田家の天下支配に貢献する道を選び、その為には領国の五ヶ国を割いてもよい」という隆景・元春・輝元合意の意向を伝えた。秀吉は合戦による大きな犠牲を払うことなく五ヶ国を手に入れることができる。この申し出を受入れたかったが、信長の武略による敵を攻め滅ぼす方針に反することであり、又一方面司令官の立場で決裁する権限から越え主君たる信長の判断となる大きな事象であり、決断できかねた。官兵衛はこの和議を勧めた。秀吉は恵瓊に対し信長本軍が参戦すれば毛利家は滅亡となりかねないと説き、五ヶ国の他にあと二ヶ国を削ること、人質を差し出すこと、それに清水宗治の切腹という要件を提案した。この要件であれば信長の承認を得られるものと考えた。恵瓊はこの降伏条件に近い秀吉の提案を持ち蛙ヶ鼻を下った。

毛利陣では元春父子が宗治を自刃させることに異をとなえた。交戦もせずに宗治の首を差し出すことはできない、毛利家の面目が立たぬと主張し隆景と恵瓊に反論した。総帥輝元も宗治の処置には同意しなかった。恵瓊は再度秀吉陣に毛利家の内情を伝え交渉を試みたが秀吉の意思も変らない。恵瓊はこれまでのなりゆきを考え、秀吉陣から舟を借り蜂須賀小六と生駒甚介を同行し高松城に向い宗治と対面した。毛利家と秀吉方の和議の件を話し、宗治の処遇で交渉が難航している旨を伝えた。宗治は恵瓊の意中を察し、「毛利家と織田家の和睦が自分の自刃によって成立するのであれば毛利家の意向には反するが腹を切りましょう、又城内の者の助命を願いたい」と述べた。その場で明後六月四日に舟を出し切腹する段取りを付け、恵瓊は秀吉の陣中に帰り秀吉に報告したあと毛利陣中に戻り宗治の切腹の件を告げた。元春は恵瓊の独断の処置に不満を示したが毛利陣では和睦やむなしの形勢となった。

本能寺の変

明智光秀は五月二六日中国への出陣のため坂本から丹波亀山城に着き、翌二七日愛宕山に参詣し一泊し、二八日に連歌の会を開催した。

ときは今　あめが下知る　五月哉

と発句を詠んだ。そしてその日に亀山に帰城した。

信長は五月二九日に供廻り衆のみを連れ上洛し本能寺を宿舎としていた。信忠も上洛し妙覚寺を宿所としていた。両者共に軍勢はなく中国へ向う前の一時滞在の予定であった。

六月一日光秀は明智左馬助秀満（光春・秀俊）・斎藤利光らの重臣に「信長を討ち

天下を獲る」と秘めていた決意を明かし策謀を協議した。既に軍兵は中国行きの出陣の準備を整えていた。一万六千人の軍勢を率い亀山城を発ち、夜になり老の山に出た。右に進めば山崎天神馬場に出て摂津に入り播州へと続く。左に進めば京に出る。光秀はここで「敵は本能寺にあり」と宣言し、先鋒隊に左手の道に進むことを命じた。翌二日夜明け近くに桂川を越え本能寺に向った。かくて「本能寺の変」が起り信長・信忠父子が光秀によって不慮の死を遂げることになった。

光秀は辰の刻（午前八時）には信長・信忠を討ち果たして京の落武者狩りを命じる一方、諸国の大名に同心を求める書状を発行した。そしてその日の内に安土に向ったが途中近江瀬田城の山岡景隆兄弟が瀬田の橋を焼き落したため居城の坂本城に入った。

二日巳の刻（午前一〇時）には安土に光秀謀反の知らせが続々と届いた。その内に京から逃げ帰った者が到着し大騒ぎとなった。その夜安土城の留守を預かっていた蒲生賢秀は光秀の襲来の危険を察して、居城の日野城にいる嫡子氏郷に安土城にいる婦女子を迎えに来るよう使いを走らせた。三日未の刻（午後二時）蒲生父子は安土城の金銀宝物を残し置き婦女子を連れ日野城に移した。

同じ日、光秀が最も頼りにしていた細川藤孝・忠興父子は光秀の配下にあり丹後宮津城にいた。藤孝は信長の死を聞き弔意を表わすために元結を切り、名を幽斎と改め家督を忠興に譲った。光秀の次女玉を妻とする忠興は妻を丹後の味土野に蟄居させ、織田信孝に使者を送り二心のないことを示した。光秀からの使者には面会を拒絶した。かつて藤孝と光秀は将軍足利義昭を支えてきた間柄であり、共に義昭を捨て信長に帰属してからは戦陣を共にしている仲であった。天下の情勢を判断し光秀を見限る藤孝のしたたかな生き残りのための処世術であった。

徳川家康は穴山梅雪と堺見物を終えて二日に京に戻ろうとして飯森山に差しかかった所で本能寺の変を聞いた。数人の同行者しかおらず重大危機となった。一同協議の結果、京には入らず三河岡崎への最短距離として伊賀越えの間道を抜けることにした。梅雪は家康と行動を共にすることに危険を感じて一足遅れて出発すると申し出た。これが裏目に出て宇治田原あたりで落武者狩りの土民に襲撃されて命を落した。家康主従は宇治田原の遍照院にその夜は宿泊し三日甲賀衆の本拠地小川城に辿り着き一泊した。四日御斎峠・加太峠を経て鈴鹿川沿いに下り、伊勢の白子の浜に出て船で三河の大浜に渡った。かくて家康は危難から逃れた。

備中では宗治の自刃を明日に控えた六月三日の深夜子の刻（午前〇時）蛙ヶ鼻の寝静まっている陣中に、信長の側近の長谷川宗仁が京から官兵衛宛に出した早飛脚が駆け込んで来た。飛脚は官兵衛に二日早朝信長・信忠父子が明智光秀に襲われ討死したことを密かに口上で伝え、宗仁からの密書を手渡した。官兵衛は驚愕はしたが狼狽はしなかった。咄嗟にこの危急の事態に対応すべく行動を起さなければならないと自覚した。官兵衛は京から六、七〇里の距離があり、早飛脚でも二日半から三日程かかる道程を僅か一日半で駆けつけたこの天のお告げを持ち込んだ飛脚を労わり、酒食を与え口外せぬよういい含め休息させた。そして毛利方への使者も走って来ることを予測して、京からの道を警戒させる者を配備させた。官兵衛は蜂須賀小六を起し、二人で秀吉の起きるのを待ち招かれて中に入った。官兵衛は秀吉に長谷川宗仁の書簡を差し出した。秀吉は目を通した途端、周章狼狽し繰り返し読み嘆き、悲しみに虚脱感が充ち涙を流し肩を落した。悄然とした姿の秀吉に対し官兵衛は冷めていた。官兵衛は信長の使者として在陣していた堀久太郎秀政や秀吉陣の重臣らの召集を秀吉に進言したあと、秀吉の側近くに寄り「信長公の変事は言語を絶します、御愁傷至極尤もであります。この世の中は畢竟貴公天下の権柄を取り給ふべきこそ存じ候へ……」「御運の開かれる時が来ました、うまくおやりなされませ」と囁いた。秀吉は即座にその意図するところを察したが、秀吉も信長の悲報に接したとき官兵衛と同じ見解が浮かんでいた。しかし主君の死を前にして喜びを表面に出す訳にはいかないと考えて悲嘆にくれる姿を見せていた。秀吉はこの危急存亡のときに天下取りの好機と捉える自分と同じ考えを持った官兵衛の鋭さに、瞬時その目に警戒感が表われた。官兵衛はそれを見逃さなかった。「しまった。口に出すべき事ではなかった。秀吉は既に承知している」と後悔した。秀吉も官兵衛も腹の底を見せないその一瞬が過ぎた。

秀吉は飛脚の口から信長の死が洩れるのを恐れ始末することを命じたが、官兵衛はこの天の使いを殺すべき科はない、速く来た功を賞する価値がある。殺せば天罰が下るとして、疲れ果てて寝ている飛脚を起し自分の陣屋に連れ出し、人に会うこと、口外することを禁じて匿った。しかし長途の疲れと飢えで一度に大食したことから程なくして病死してしまった。

危急存亡に当り、官兵衛は事後の対応を秀吉に諮った。主君を殺した光秀は逆賊である。我らが光秀を討つことは容易いことである。光秀を討ったのち、信長の子息を守り立てることとする。しかし子息二人は天下を治める器量に欠けるゆえ、諸大名はこれを侮り謀反・乱逆を起す者が出るであろう。これらを討伐すれば秀吉様の威勢が強くなり天下への道が拓かれることになる。一刻も早く毛利家と和睦し中国を大返しして光秀を討つべきである。毛利家にも遅からず本能寺の変が伝わるであろうが、和睦し人質を取った後であれば契約を反古にして追って来ることはないだろう。毛利家には我ら信長公死去につき光秀討伐に向うため、後詰めを願うと申し送ればよいであろうと申し述べた。

毛利家に信長の変報が伝わる前に宗治の自刃と和議を結ぶことが急がれた。真夜中であったが官兵衛は日差山の隆景の陣中にいる恵瓊に使いを走らせ蛙ヶ鼻に呼び寄せた。宗治の切腹と和議の条件を緩めて因幡・美作の二国と備中・伯耆の各半国の割譲を提示し毛利方の承認を得たいという秀吉と協議した意向を伝えた。空が明るみ始めた頃、恵瓊は高松城に渡り宗治に約束の日が来たことを告げ、秀吉陣から巳の刻（午前一〇時）に迎え舟と検使役の舟が来ることを知らせた。宗治は既に覚悟を決め身を清めて装束を改めていた。宗治の兄月清と毛利家からの軍監末近信賀も同舟し切腹すると申し出ていた。

刻限が来て秀吉陣中から高松城に酒肴と上等の茶の贈答品を載せた迎え舟が出された。信長の死を知らぬ宗治は月清と信賀と共に舟に乗り湖水の中に移った。高松城中の者と秀吉陣中の者に見守られる中、「誓願寺」の曲舞を舞い、謡を三人で唱謡したあと切腹して果てた。城中では宗治を慕って弟難波伝兵衛他数人が殉死した。

宗治の辞世の句

浮世をば　今こそ渡れ武士の　名を高松の苔に残して

切腹が終ると検使役の堀尾茂助が宗治と月清の首を受け取った。二つの首は京の信長に送られる予定であったが、信長の急変により姫路城大手門際に掛け高松城を落したことを広報するために供された。

秀吉は宗治の切腹の後、城兵を助けるべく堤の一部を切り水を解き放した。そして毛利家との講和に対する誓紙に「公儀に対し　御身上の儀　我等請取り申候条、聊かも疎略に存すべからず……」と書き恵瓊に与え、秀吉陣から大和坊を添えて使者として送った。

恵瓊は隆景の陣に戻り、今朝方の宗治の切腹の件と秀吉の和議の誓紙の件を隆景と元春に報告した。両川は毛利家に忠義を貫いた宗治の死を悼んだ。秀吉の和議条件は先に要求した割譲地を大幅に削減して因幡・美作の二国と備中・伯耆の各分割という毛利家が提示した条件にほぼ相当しており、秀吉の大幅な譲歩に両川は安堵し、輝元に和議承諾を求めた。輝元も異議はなく誓紙に三人の連署を認めた。

事を急ぐため、頃合を見はからい官兵衛は恵瓊から少し遅れて毛利陣中を訪れ、毛利家の和議への対応に謝意を述べ誓紙を受け取り、人質の件は明朝に差し出す約束を取り付けて蛙ヶ鼻の陣中に戻り秀吉に毛利家の誓紙を差し出した。ここに毛利家との和睦の誓紙が交換され和議が成立した。

その日（四日）の夕刻、毛利陣に京からの使者が到着し信長の変報を伝えた。隆景は元春・元長父子を呼び信長の死を伝えた。元春父子は信長の死を伏せて急拠和議を結ばせた秀吉に欺かれたと激昻し、信長の中国出馬を前提にして結んだ誓書である。我々を騙して結んだ講和の誓紙に効力はない。誓紙を破棄し、退却する秀吉軍を追撃すべきであると強硬に主張した。武略に優れた元春にはこの秀吉軍との対陣において一戦もすることなく毛利家の領国を割譲し、忠誠心の厚い宗治を自害させた屈辱に堪え難い気分でいた。信長の大軍の来援があることによってやむなく講和を認めたのであり、信長の死によってその条件が違ってきた。今こそ秀吉を討つ絶好の機会であると思った。これに対し思慮深く智謀の将として名を知られる隆景は元春の申すのも一理あると認めたうえで、信長の死によって敵の弱り目があろうとも誓紙は守らねばならぬと主張した。今の天下の勢いを見るに当り秀吉を討って京に上り織田家の軍勢と戦っても勝算は立たない。もし彼等に勝って天下を得たにしても天下を治める徳がなければ長く保つ事はできない。当初は治める事ができるとしても継続する事は難しい。信望を欠いて天下を失えば毛利家は滅亡する。元就が多年辛労して切り取った領国を失い、これまでの業績を絶つ事は後世の嘲弄となる。これをもって元就は遺言で毛利家は天下を望むべからずと諭して子孫長久を計ったのである。この遺言に背く事は不孝である。信長が死しても子息二人と多数の猛将がいる。その上秀吉はこれまで抜群の働きをしており、傍らに小寺官兵衛という智勇優れた者が補佐をしている。この二人が目的を共有して働けば天下を容易く取れる者達である。秀吉が京に上り光秀と対決し不利となったとしても、織田家の猛将が一つになり光秀を討つであろう。その後に中国に攻め入るとなればその大軍に勝利を得る事は難しい。また秀吉が光秀を討てばその威勢に畿内・近国の将は従うようになるだろう。

既に和睦して誓紙を取り交わして人質を送る約束をしているからには、今更信長の死を聞いて敵の弱みを見て約束を破れば天の理に背き神明を欺くのみならず、輝元も我等も偽りの者となって武将の本分を失い後代まで悪名を流す事になり、秀吉の恨みが深くなり長らく当家の仇となり滅亡につながる事疑いない。ここで人質を出して信長の死を弔う言葉をかければ秀吉は感悦し当家の恩を忘れる事はないだろう。当家の末永く存続する策謀である、と説き聞かせた。隆景の説く元就の残した遺言と毛利家の存亡に関わる言葉に元春としても異論はない。やむなく元春は悔し涙を流し隆景に同意せざるを得なかった。

翌五日隆景は元春の三男又次郎経言（のち広家）と自分の養子にしていた弟四郎元総（のち藤四郎秀包）を連れ秀吉本陣を訪れた。信長死亡に対する哀悼の辞を述べ、京に上り光秀の討伐をする際には我等は後詰めをする所存、心強く合戦されよと申し述べた。秀吉は本能寺の異変があっても約束を守り和睦し人質を差し出す隆景の処置に二心なき義理を感じて、この義永く忘れまいと肝に銘じるのであった。

感悦した秀吉に見送られて隆景は人質を残し自陣に帰った。その日秀吉は隆景を優れた人間と認め、感謝の意を述べる事と両軍の撤退の意思を確認するため官兵衛を日差山の陣中に派遣した。官兵衛と隆景という両智謀の対談はより両軍の信頼関係を強めた。官兵衛は帰り際、隆景に毛利家の旗二本を所望した。隆景は不審に思ったが、旗のみでは助勢にはならないだろうから自分の手勢を提供しようと答えた。しかし官兵衛は助勢を断り旗のみの借用を求めた。隆景は官兵衛の望みにまかせ旗二〇本に旗奉行と旗持ちを添えて官兵衛の陣に送る事を約束した。

中国大返し

秀吉は六月四日の夜から北方の山手に陣を敷いていた宇喜多軍に撤退の準備をさせ備前岡山への引きあげを命じ、総軍撤退の混雑を避けようとした。六日未の刻（午後二時）秀吉は官兵衛を殿軍に残し高松を出発した。秀吉は毛利軍の追撃を気に懸けたが、官兵衛は我が隊が退陣する時に堰堤を切り落せば湖水の水は毛利陣近くに流れ、足守川本流周辺の野は水に覆われ毛利軍は渡ることができなくなるだろう。また川上の回り道を辿って来れば距離が遠く、難所もあり大軍が味方に追いつくことはないだろうと述べ秀吉の出発を促した。官兵衛は近臣に作業の段取りを諮り、作業人夫への指示を托した。水は計画通り野に向い一帯が湖水と化した。官兵衛は毛利軍の動きを心配しながら観察していた。やがて物見の者から毛利軍が撤退の支度をしているという情報が入った。官兵衛は毛利軍の追撃なしと判断し隆景に感謝の気持ちで自隊を集めて撤退を開始した。官兵衛は途中一人馬を急がせ一里程先を駆けていた秀吉に追い着き、毛利家から預かっている人質二人を送還することを提言した。秀吉は瞬時に悟った様子ですぐ同意の言葉を返した。官兵衛は秀吉の咄嗟の判断に感服した。毛利家は元春の主張するように秀吉軍を追撃すれば討つ事が出来たものを見逃してくれたその御礼もある。そもそも光秀と対陣し勝てば天下に手が届き、負ければ身の破滅である。人質を手許に置く価値があろうか。今毛利家に人質を帰還させ毛利家との信頼関係を深めておく事が肝要であると考えていた。官兵衛は若い人質を引き取り近臣の者に命じて毛利陣に送り届けた。

毛利方陣中では遠く秀吉軍が撤退する動きを眺めていた。元春は今秀吉軍を追撃すればこれを打ち破り天下に手が届くと見なして急ぎ追いかけるべしと隆景に告げた。隆景は秀吉を追い討ちするのは容易い事だ、そうなれば毛利の天下となるだろう、元春は天下を治めるか、と問うが答えはない。自分は輝元を差し置いて天下を治めるは道理に背く事であり成し難い。輝元は天下の主となる器量はない、もし天下の主となっても、天下を失うのみならず毛利家の滅亡となる。然るに今は領国を守り、失わないようにする事が長久の計であり元就への孝行になる。今後誰が天下を治めようとも、その人を助けて毛利家の長久を図るべきであると説いた。元春は今ほどの良い機会に秀吉を討ち洩らし天下を人に与える事は宝の山に入って手をむなしくして帰るようなものだと嘆いたが、隆景の説く道理は尤もであるとやむなく退陣に同意した。ところが側にいた元春の嫡子元長が、信長の死を隠して書いた誓紙を守る必要があるか、この誓紙は元春と隆景の署名であり自分は誓紙を取り交わしていないので自軍を率いて追撃するといい張った。隆景は元就の遺言である「天下を望まず」を説き元長を制したが不安な気持ちで過ごしていた。やがて元春陣の岩崎山と隆景陣の日差山の前方の田野に湖水が流れ込み湖と化していき、人馬も通行困難な状態となった。元春父子は悔し涙を流しやむなく撤退の支度を始め、隆景に続いて退行した。

雨の中、秀吉軍は走った。岡山を過ぎ郊外の沼城で幼い宇喜多秀家に留守をしっかり守ることをいい含めて別れた。混乱の中、宇喜多家の寝返りを恐れていた。秀吉は先発していた宇喜多家に対して秀吉軍が岡山から沼城までの通過の際には、道沿いに食料と松明を用意させて応接に当るように申し付けていた。更に東に走って、その夜は備前片上で宿泊した。ここで毛利家の追撃はないであろうと確信し、秀吉は毛利家に対し書状を書いた。「信長の死を隠し和議を結んだ事はすまなかった。しかし弓馬の道にはこの様な事も起り得るであろう。これから亡き主君の弔い合戦を遂げ光秀を討ち果たす所存であります。首尾よく目的を達成された際には賛意を得たい」と記し、毛利家に対する自分の率直な気持ちを示した。

信長の訃報を知らせてくれた摂津茨木城の中川瀬兵衛清秀にも一通認めた。「信長・

信忠は難を逃れ近江に退いている」と書き、信長生存にして光秀側に疾るのを防いだ。瀬兵衛や高山右近らは光秀の配下にあり彼等の去就が注目された。

秀吉に遅れて殿軍の官兵衛が片上に着いた。ここで見送りに来ていた宇喜多家の重臣が秀吉軍の去るのを見届けて帰りかけた時、官兵衛は宇喜多家の旗一〇本を借りて自陣に持ち帰った。

官兵衛は秀吉に姫路到着時の対応を確認し、東上する諸士の姫路の居宅に立寄り禁止を提言した。立寄ることによって家族との情が入り行軍の遅れが生じる事を指摘し、一刻も早く光秀と対決するようにしなければならない、遅れることにより筒井順慶や細川藤孝などの光秀方の兵が参集する。彼等は合戦が始まるまでは様子を見て勝ち馬に乗ることを選択するであろう。光秀に勢いが付かぬ内に攻め込む事が肝要と説いた。秀吉はこの提言を受け入れ、諸士の上下を問わず姫路城下の自宅立寄りを禁じ、違反した者は誅伐するという軍令を発した。官兵衛は先を進む秀吉軍の先頭に自軍の者を走らせ姫路城下の町衆・百姓衆に粥や茶湯などの炊き出しをして振舞うように依頼する事を命じた。

七日夜秀吉をほぼ先頭にして急行軍は姫路に続々と入って来た。帰還した軍兵は姫路衆の接待を受け町衆・百姓衆の家に仮泊し休養した。官兵衛隊は殿軍を受け持ちのために遅れて城下に辿り着いた。

秀吉は姫路城に帰還した。そこには京畿の動きを知らせる情報が多数届いていた。秀吉は目を通す前に何よりも行軍の疲れを落すために入浴を欲した。信長の側近堀久太郎秀政も高松から同行していた。主君の客人を先に入浴させるべきところ、秀吉は母が面会を希望していることを理由にして秀政に理を告げ先に湯を使った。織田家の将を取り込む気遣いを示した。若い秀政は気遣いを見せてくれた秀吉に感激した。

在城中秀吉は大技を連発した。城壁に軍旗・吹流し・幟を立て並べかがり火を焚き景気を付けた。光秀と決死の覚悟で戦い再び姫路に戻らぬ決意を示し、貯えていた金銀・兵糧米を士分の者に分配した。

金子八〇〇枚・銀子七五〇貫は石取り身分の者に与え、米八万五〇〇〇石は下士と足軽の扶持米を得ている者を対象とし一人あたり通常の五倍の量を六月から一二月まで月々分割して与えることにして妻子への気遣いをみせた。

京畿の情報を伝えてくれた公卿・豪商・地侍・僧侶等に対し身分にかかわりなく、祐筆を臨時に集め同一文の返事を書かせ、臨時の飛脚を仕立て送り出した。受け取った彼等にとっては秀吉の返事が届いたという事象が大事なことなのだと笑った。

八日は遅れて帰還する軍兵・荷駄隊を待ち休息と次の出発への準備に当てた。信長の仇討ちという大義名分を示し姫路発向は九日早暁と触れを出した。秀吉は近臣の者を集め小宴を開いた。席上、堀秀政は「風は順風、いまや帆を揚げられよ」と秀吉を鼓舞した。祐筆の大村由己も「いま　桜の花盛り　花見には絶好の機会」と追従し秀吉の志気を煽った。末席にいた懇意となっている真言宗の僧侶が「明日の日柄は出て二度と還らぬ悪日」と述べた。秀吉はすかさず「それは吉日だ。討死覚悟でこの城を出て行く故に再び帰ることはない。また幸いにして光秀に勝てば何処かに居城を築く心算であり姫路には戻らぬ」と宴座の憂慮を晴らした。

夜亥の刻（午後一〇時）出陣前の食事の支度にかかれと合図の法螺貝が吹かれた。明けて九日丑の刻（午前二時）城門前に諸隊が勢揃いして出発を待った。参陣する諸隊の着到状に記された人数は一万程であり、中国攻めに出陣した時より半減していた。高松からの大返しの強行軍について行けず途中脱落したり落命したものとみられた。

秀吉は出発に際し姫路城の留守居役を与えている小出秀政（秀吉の母の妹の夫）と三好吉房（秀吉の姉ともの夫）に対して、もし自分が光秀に敗れ討死した時は母と妻を自害させ城を焼けと命じ、仇討ちを討死覚悟で決行する心意気を将兵に示し配下の者の闘志を掻き立てた。

先鋒を中村孫平次（一氏）、続いて堀尾茂助、少し後に秀吉が養子にした信長の四男秀勝と信長の近臣堀秀政を伴って行軍、後ろには秀吉の弟秀長が守り姫路から播州路を東に駆けた。

一〇日明石を発して摂津に入り花隈城下に到着した。花隈城は荒木村重の変のあと池田信輝（恒興）の属城となっていた。光秀はこの頃筒井順慶の参陣を待ち、洞ヶ峠に居て秀吉が東上していることを聞いた。

秀吉は一一日早暁、花隈城下を出発した。ここで官兵衛は隆景から借りた毛利家の旗と宇喜多家の旗を秀吉軍の先頭に立てさせ行軍した。敵方の物見が偵察に来て目にした時や合戦の際に毛利家と宇喜多家が秀吉の先陣として加わっていると見れば、敵の気を殺ぎ味方を勇気付ける手立てになるという官兵衛の思慮した行動であった。両家の軍旗を見つけた秀吉は官兵衛の説明を聞いてその妙案に感服した様子を示し、取り巻く周囲の将士に、「か様なことを見て後学にすべし、弓矢は謀にて勝つものなり。敵を斬り首を獲るは匹夫の働きに誰もなることなれば珍しからず。官兵衛のこの謀は凡人の及ぶ処にあらず。この様な手立てをすることこそ誠の大功というべき」と大袈裟に持ち上げたが、官兵衛恐るべき男と畏怖心を抱いていた。官兵衛も秀吉の表情を読み取り、その心の内を捉えていた。

行軍の途中、茨木の中川瀬兵衛と高槻の高山右近がそれぞれ人質として子供を連れて迎えに出ていた。秀吉は味方になって駆け付けてくれた両者に丁寧に礼を述べ、人質は不要と返した。辰の刻（午前八時）頃、秀吉軍は尼崎に到着し城下の寺に陣を置いた。ここで秀吉は信長の弔い合戦と世に明示するために行水を使い髪を剃した。ただ食事はこれまで精進料理を食していたので身体に力が入らぬと魚鳥の料理を求めて食した。

織田家中の諸将が集まって来た。秀吉軍の一万人を超す兵力は彼等の最大の戦闘力であり、光秀と対抗するには秀吉軍を主力として戦わざるを得ない。播州や中国陣では官兵衛の活躍は秀吉を凌ぐほどの智謀を発揮したが、中国を大返しして摂津に入れば織田家中との交渉事となり、秀吉の裁量による判断と行動に負わねばならなくなった。これまでの官兵衛の立場は秀吉軍の一部隊を構成する勢力を持ち、官兵衛個人の力として秀吉の参謀・軍師の役割を果たし名を知られてきた。織田家中においては官兵衛の名も面識もない者が多く、また織田家中の序列もあり官兵衛が表面に出て活躍する場が制約された。秀吉と諸将との会合の場に参会し提言する機会が少なくなった。この時点における秀吉と官兵衛の天下への道程の差であった。

織田家中の諸将が光秀討伐に参陣することが明らかになるにつれ、秀吉は勝利を確信し秀吉本来の下地が出て諸将に対して主君の仇討ち、討死覚悟と声をかけて信長への弔い合戦であるが如く見せて、天下獲りへの野望の下心を隠していた。

一二日尼崎の寺を出て富田に陣を置いた。光秀の動きは物見の者から次々と情報が寄せられ合戦間近に迫る情勢となっていた。秀吉は諸将を集め軍議を開いた。上席には信長の三男神戸信孝が座し、次に織田家の次席家老で信孝と共に四国攻めを準備していた丹羽長秀が席を置いた。三番目が秀吉で次いで堀秀政・池田恒興・中川瀬兵衛・高山右近と続いた。秀吉を除く他の者は単独では光秀に対抗できる兵力を持たない。信孝は信長の命を受け五月二七日四国の長宗我部氏討伐に向うため一万五千人の兵を率いて安土を出陣し岸和田城に入り、丹羽長秀と津田信澄は大坂城に入っていた。彼等は六月二日に船で四国に渡る予定でいたところに本能寺の変報が届いた。信孝の軍は伊勢衆・雑賀衆・甲賀衆と長秀の軍で構成された寄せ集めの集団であったことから、本能寺の変を聞き大半が逃亡して残る兵は半減してしまい、光秀と戦う能力を失っていた。その上光秀の長女を妻としている信澄を疑い急襲して自刃させた。四国の長宗我部元親と光秀はかつて織田家の外交交渉を進めてきた間柄であり、今回長宗我部氏討伐に向う信孝・長秀にとっては光秀に攻撃される目標となる危険性を感じていた。信孝は光秀の攻撃を恐れ、また攻め込む手立てもなく大坂に籠っていた。

秀吉は弔い合戦であるためには主家の遺児信孝を主座に置き政治的配慮として引き

立てた。秀吉としては戦に勝つことが重要であった。勝つことによってその威勢が高まると思っていた。

軍議は隊の序列を決めた。合戦の場となる山崎に最も近い領地を有する高山右近勢二〇〇〇人が先鋒、第二陣に中川瀬兵衛勢二五〇〇人、第三陣に池田恒興勢四〇〇〇人、第四陣に丹羽長秀勢三〇〇〇人、第五陣に信孝勢四〇〇〇人、そして最後尾に第六陣秀吉軍一万余人を配する構成とし、総勢二万六〇〇〇人の態勢を構築した。官兵衛は自隊を秀吉軍の秀長隊と行動を共にすることにした。

天王山

六月五日、光秀は坂本城を出て瀬田の橋を応急修理させていたのを渡り安土城に入った。安土城に信長が貯えていた金銀財宝を家臣に分け与えた。そして京極高次に秀吉の本拠地である長浜城、武田元明に丹羽長秀の本拠地佐和山城の攻略を命じた。六日は安土城に在城し、新たな天下人と見なした者からの贈答や庇護を求める者の使者と会した。七日に光秀は安土城で勅使吉田兼和（兼見）を迎え禁裏守護の勅命を拝命した。八日光秀は安土を去り本拠地の坂本城に戻り、九日軍勢と共に京に上り、吉田兼和を通じて朝廷に銀子五〇〇枚を献上し、寺社にも銀子を配分した。更に洛中の地子（税）の免除を布告し町衆に対する配慮を示し民衆の支持を得ようとした。

一〇日光秀は大和郡山城にいる光秀配下の筒井順慶を同心させるために、河内の洞ヶ峠に進出した。順慶は光秀方となって四日山城、五日近江に出兵していたが九日になって大和郡山城に引き返し、秀吉と誼を通じ籠城を続けることにしていた。後に山崎合戦で光秀敗北が決定的となった時点で秀吉方に味方して洞ヶ峠に兵を出した。これら一連の動きから「日和見順慶」「洞ヶ峠の順慶」と汚名が着せられるようになった。

光秀は順慶の出陣を洞ヶ峠で待っていたが、使者として郡山城に入った光秀の重臣藤田行政の説得に順慶は同心せず行政はむなしく帰って来た。その夜、秀吉が備中から東に向って行軍しているという情報が届けられた。秀吉軍が既に摂津に入っていた頃の情報であった。秀吉のあまりにも速い動きに光秀は驚いた。一一日光秀は洞ヶ峠を離れ、下鳥羽に帰陣し淀城に兵を集めた。秀吉軍が摂津から淀川沿いに北上することを知り、一二日桂川を渡り勝龍寺城の近くに本陣を置き円明寺川（小泉川）に沿った前面の野に兵を配置し秀吉軍の来襲を待った。山崎や石清水八幡の山に配した軍勢もこの平地に結集させ、狭隘の地から出て来る敵を討とうとした。天王山の麓山崎と対岸の男山（八幡山）の狭隘の地を選択しなかったのは順慶の背後からの攻撃を恐れてのことであった。この日、光秀の重臣斎藤利三は洞ヶ峠で秀吉の大軍が行進している様子を遠望して光秀に使いを送り坂本城に撤退することを進言したが拒否された。利三は手勢三〇〇〇人を率いて最前線の中央に陣を置き討死を覚悟した。光秀の軍勢は総員一万六〇〇〇人、このうち京や近江に兵力を分散していたので山崎には一万二〇〇〇人程が対陣した。

六月一二日官兵衛は秀吉本陣から離れ山崎の最前線と予想される地を下見に出かけた。山崎は木津川・桂川・宇治川が合流して淀川が流れ西国街道が並行して走り、反対側は天王山が位置する狭隘な地形である。光秀は天王山から北に一里弱程離れた勝龍寺城前方の御坊塚に本陣を置き、諸隊はその前方に布陣させていた。官兵衛はこの布陣と地勢を見て天王山に兵を配置すべきと判断した。秀吉の本陣に戻り合戦の場となる位置と天王山に兵を登らせることを告げた。秀吉は中村孫平次（一氏）に鉄砲隊を連れて天王山に登ることを命じた。秀吉陣の先方にいた中川瀬兵衛も天王山に気が付き中川満之助隊を派遣した。宮脇長門守や堀尾茂助（吉晴）も同様に動いた。一方光秀も重臣の松田太郎左衛門政近軍の弓・鉄砲隊三〇〇人を含む七〇〇余人の兵を天王山に向わせた。

一三日秀吉は信孝を待っていた。信孝はこの日朝大坂を発ち、昼近くになってようやく富田に着陣した。秀吉は本陣を信孝に預け全軍に進軍を命じた。秀吉本軍に押される形で先鋒隊・二番隊・三番隊と次々に山崎の狭隘地から出て光秀軍が滞陣する円明寺川を挟んで対峙した。秀吉軍が動き始めた頃、天王山では前夜から陣を取っていた秀吉軍の諸隊と光秀軍の松田隊が銃撃戦を始めていた。山上を占拠していた秀吉方の諸隊と山麓にいる官兵衛隊が山の上を目指す松田隊を挟撃し追い崩した。松田政近は銃弾が胸を貫通し絶命した。光秀は天王山の劣勢を見て援軍を送った。申の刻（午後四時）この援軍と秀吉軍の左翼を構成する官兵衛隊の銃撃戦が総軍の開戦の口火を切った。「山崎の合戦」「天下分け目の天王山の戦い」と呼ばれる合戦の始まりであった。

秀吉方の大軍に光秀方は奮戦したが次第に兵力を消耗し、夕刻には前線が追い込まれ後退し総崩れ状態となった。光秀は前線で指揮を執っていた近臣の御牧兼顕の使いの者から退却を勧められると、勝龍寺城に籠ることを決意し兵を返した。酉の下刻（午後七時）退却に混乱した光秀の軍兵は勝龍寺城に戻った時には七〇〇人程になっていた。戦死傷者の他、坂本や丹波を目指して逃れようとする者が多く出た。光秀は勝龍寺城では籠城はできず夜半に坂本に向うことを考えていた。

秀吉方は勝龍寺城の四方を囲みかがり火を焚き城攻めの段取りに入った。官兵衛は秀吉陣を訪れ城の一方を開けるように進言した。「明智一命を捨て防がんと存候とも、付従う士卒はこの大軍に囲まれ数千のかがり火に気を屈しなば必ず逃げ去ろうと思う心が生ずる。今夜一方の攻め口を開ければ士卒は大半落失申べし。然らば明智は今夜城を空けて落行くか、もしそのまま籠城を仕候とも敵の人数減じれば明日の合戦味方に勝利を得る事たやすかるべし。明智の領地丹波の方の囲いを解いて攻めるのがよろしかろう」と理由を述べた。秀吉は官兵衛の策を採り入れ北の攻め口を開けた。案の如く、その夜城中の大半の兵が出奔した。この情況を見て光秀は深夜になって坂本で再挙を図るべく五、六騎を伴って密かに勝龍寺城を抜け出し間道伝いに坂本を目指した。途中伏見村を過ぎ小栗栖に出た所で竹藪の間の細い道を通っている時に、藪の中から土民の突き出した槍で右脇腹に深手を負ってしまった。土民の手から逃れたが限界を悟り自害して果てた。家老の溝尾庄兵衛が介添えをして、光秀の首を鞍覆に包んで藪の中の溝に隠し置いて坂本に向った。

勝龍寺城は一四日に開城され、同日には高山右近・中川瀬兵衛軍が丹波亀山城を落した。秀吉は近江に進み三井寺に本営を置いた。この日光秀の首が発見され三井寺に送られてきて彼の死が確認された。

この日安土城を守備していた光秀の娘婿明智左馬助秀満（光春）は光秀の敗報を聞

き、安土の自軍を率いて坂本城に返す途中、大津の近くで秀吉が派遣した堀久太郎隊に遭遇し敗退した。左馬助は馬を琵琶湖に乗り入れ対岸の坂本城に逃れた。

翌一五日信長の次男信雄が安土に到着した。この一四、一五日の動きの中で安土城が焼失した。原因は諸説あり今日でも解明されていない。

坂本城に入った左馬助は安土城から持ち去っていた財宝を城を囲む秀吉軍に引渡し、光秀の妻を始め一族と共に天守に登り火をかけて自害して果てた。

秀吉は光秀の首を本能寺に晒し、遺体は近江の堅田で捕らえられた斎藤利三と共に京の粟田口で磔刑に処した。ここに明智光秀の叛乱は秀吉によって成敗され、僅か十数日を経て終結した。かくて光秀の三日天下と呼ばれるようになった。

羽柴秀吉の名は織田家一門や歴々の重臣に先立ち威望を高め、山崎の一戦は秀吉の天下統一への基礎を築くこととなった。高松に於ける官兵衛の適切な判断と行動が毛利家との和睦・中国大返しに結び付き、秀吉の山崎合戦での勝利を導き、信長亡き後の天下獲りの主導権を握る結果となった。

清洲会議

秀吉は六月二七日清洲会議を主導した。会議は秀吉・柴田勝家・丹羽長秀・池田恒興の四人で開催したが、山崎で共に戦った長秀・恒興は秀吉に全て同意し意見を異にする勝家と対立した。織田家の家督を継ぐ者に勝家は信長の三男信孝を推挙したが、秀吉は信忠の遺児である三歳の幼い三法師を立て他の二人の同意を得た。領地の配分も秀吉方三人の主張が通り勝家は孤立した。信長の遺領は次男信雄に尾張、信孝に美濃、そして勝家は北近江六万石、長秀は近江で二郡、恒興は大坂・尼崎・兵庫合わせて一二万石、秀吉は山城・河内・丹波の三ヶ国、堀久太郎には佐和山二〇万石とそれぞれ加増し配分された。

勝家は越前の斯波氏の流れを持つ織田家と柴田家の同族意識を強く持ち、織田家の存続を願い宿老の合議制で執行する考えでいた。一方秀吉は能力ある者が天下を制するべきであり、逆賊光秀を討った自分にその器量があると山崎合戦の勝利を最大の売り物にして勝家と対立していった。

山城を得た秀吉は山崎の天王山を居城と定め新しく城の着工に取りかかった。そして秀吉は一〇月一五日京大徳寺で養子にしている信長の四男秀勝を喪主に仕立て信長の大葬儀を催した。弟秀長は警備の任につき軍兵を集め弓・槍・鉄砲の重装備で物々しく警戒陣を布した。大枚を叩いた盛大な大法要は秀吉の権勢を高める効用をなした。

この葬儀に対し信孝は家臣に秀吉の僭越な行為を非難する抗議の書状を出させた。

秀吉は一八日付の書状で、「葬儀の件で信雄・信孝両人に相談したが返事がなかった。宿老方も催行する動きがみられず、やむなく当方で催した」と書き送って更に憤慨させた。

一六日岐阜にいた信長の妹お市が三人の娘を伴って、かねて信孝が勧めていた北庄の勝家に嫁ぐために岐阜を発した。秀吉と勝家の関係は修復しがたい状態となっていった。

一二月に入り秀吉は清洲会議で勝家の所領となったばかりの長浜城攻撃のため五万人の兵を率いて京を発した。長浜城には勝家が養子とした姉の子勝豊を二〇〇〇人の兵と共に守らせていた。七日大軍に囲まれ長浜城は開城した。秀吉軍はその足で本来の目的地である美濃に向った。美濃の諸豪族の多くが五万人の大軍を前に戦わずして秀吉の傘下に降った。秀吉軍は岐阜城を囲み信孝を攻撃しようとした。二〇日、信孝は秀吉軍にいる丹羽長秀に使いを送り三法師を安土に移すことに同意し、母と子を秀吉に人質として差し出すという条件で和睦を申し出た。秀吉は受入れて和睦し、岐阜を引きあげ新築なった山崎の宝寺城へ二九日到着した。この間、勝家は雪に鎖されて動くことが出来なかった。

この年、官兵衛が秀吉と共に戦場を巡っている間に、播州山崎城では妻が一五年振りとなる次男を産んでいた。幼名は熊之助と名付けられた。

賤ヶ岳・美濃大返し

天正一一年（一五八三）官兵衛三八歳、長政一六歳、秀吉と官兵衛はこの正月を姫路城で過ごし、その後官兵衛は山崎の居城に帰り、次男熊之助と対面した。

閏一月になって伊勢亀山城に異変が起った。秀吉に帰属した亀山城主関盛信の留守中に滝川一益と通じた関家の重臣が叛乱をしたという。姫路城にいた秀吉は滝川一益を討つ好機到来と即姫路を発ち安土に向った。畿内の諸将を集め、二月九日安土を発ち伊勢を目指して三手に分かれ行軍し、桑名城近郊で合流した。長島城の一益は地勢の利を生かして籠城を続け戦いは膠着状態となった。

雪に閉ざされた越前北庄では柴田勝家が秀吉包囲網を形成すべく外交交渉の書状を発していた。伊達家・徳川家康・四国の長宗我部元親、更には足利義昭に二月一三日付の書簡で上洛を求めた。

雪が消え、勝家は織田家を凌ぐ威勢を持つに至った秀吉を討伐するために、佐久間盛政を先陣として三万人の兵を率いて二月二八日越前を出発し、三月一二日北近江賤ヶ岳周辺に布陣し勝家本陣を中尾山に置いた。

秀吉は勝家軍が近江に進出したとの報を受け、伊勢の陣に信雄・蒲生氏郷らを残して守備させ、三月一六日長浜城に入った。一七日秀吉軍五万人の軍勢は北に進んで木ノ本近辺に本陣を置き諸将の配置を定めた。官兵衛隊は秀長軍一万五〇〇〇人の構成隊となり田上山に布陣した。秀吉は得意の土木工事で濠・土塁・柵を築き、勝家軍の進攻を防ぎ前線を堅固にした。両軍動きがなく持久戦となった。

四月一六日美濃岐阜城の信孝が再び兵を集め動き出したとの情報が秀吉本陣に届けられた。背後を衝かれることを恐れた秀吉は一七日寅の刻（午前四時）弟秀長に木ノ本本陣の留守を預け、二万人の兵を率いて岐阜城を目指し一八日大垣に着いた。

この動きを知った勝家軍の先鋒隊を務める佐久間盛政は勝家の許可を得て一万人の兵を連れ秀吉軍の留守部隊を急襲した。四月二〇日丑の刻（午前二時）に動き始めた盛政隊は大岩山に陣を置く秀吉方の中川瀬兵衛隊に攻めかかった。瀬兵衛は援軍もなく奮戦し、むなしく討死した。

佐久間盛政隊の猛攻が官兵衛の陣に迫った時、官兵衛は栗山善助に長政を後方に退かせるよう命じた。善助と長政はやむなく官兵衛の命に従って馬を退行させたが、途中長政は思い直して引き返して来て官兵衛の陣に戻り父と共に戦うと申し出た。官兵衛は息子の成長を見てこれを許し側に置いた。

盛政は中川瀬兵衛の砦を攻め落とし、高山右近の砦を追い散らして意気軒昂となり、勝家が申し渡していた言葉に背いて在陣を続け更に攻撃を続けようとしていた。勝家は再三引きあげを命じたが盛政は聞き入れずに、勝家本陣から突出して秀吉留守部隊と対峙した。

二〇日昼過ぎ、秀長が走らせた盛政隊の襲来を伝える早馬が秀吉の滞陣している大垣に届いた。秀吉は即座に全軍近江に戻ることを告げ、申の刻（午後四時）大垣を引き返し駆け出した。大垣から北近江木ノ本間約一三里（五二キロ）を五時間で戌の下刻（午後九時）頃に駆け戻った。「中国大返し」に続く「美濃の大返し」の離れ技の挙行であった。

盛政隊は木ノ本に延々と続く松明の火を見て秀吉の大軍が帰って来たことを知り、危険を察知し深夜になって退却を開始した。翌二一日早朝退却する盛政隊の殿軍を受け持つ盛政の弟佐久間勝政隊三〇〇〇人に秀吉軍は猛攻をかけた。福島市松（正則）は先駆けして高名を上げた他に、加藤虎之助（清正）・加藤孫六（嘉明）・平野権平（長泰）・脇坂甚内（安治）・糟屋助右衛門（武則）、そして片桐助作（且元）が後に賤ヶ岳の七本槍と讃えられた。

黒田隊も追撃軍に加わり、長政も奮戦し手柄を挙げ、家臣の菅六之助（のち和泉）

も一七歳の初陣に出て高名を上げた。

秀吉軍の追撃を逃れながら盛政隊は後方に控える勝家軍に属する前田利家・利長隊二〇〇〇人の陣そばまで退却した。盛政隊は後方の援護を得られるものと思いようやく安堵の気持ちになった。秀吉軍も攻撃の手を緩めた。ここで利家隊が戦線離脱という思わぬ事態が生じた。利家隊は戦場を離れ利長居城の府中城に引きあげたのであった。利家は北陸で勝家の傘下にあり、勝家を「親父さま」と呼ぶほどの間柄であり武功も立ててきたが、秀吉とも若い頃より仲がよく秀吉と戦うことを回避したかった。その上戦況が秀吉方に優位であり、家と領地の保全には勝者に付くべきとの判断で秀吉方に付くことを選んだ。

利家隊の離脱と退却時の逃散で勝家本軍の兵は三〇〇〇人程に減じており、勝家は居城に退却を決意し、二一日正午戦陣を離れ北庄に退却を始めた。北庄まで一八里（七二キロ）、その五里（二〇キロ）手前の府中城に二二日辿り着いた。

利家は家臣が勝家を討ち取って秀吉に差し出すことを勧めたのを叱りつけ勝家と対面した。勝家は「又左殿、負けたわ、恥ずかしいわ」というと、利家は「合戦の習い是非もなきこと、われら当地を固め防戦いたす。あなたは急ぎ北庄に帰り再起をお図り下さい」と勧めた。勝家は湯漬けと馬が疲れているので代わりの馬をくれと所望し、一息入れて府中城を辞去した。城門から数歩出た所で見送りに出ていた利家を呼び「御辺は以前より筑前と親しかったゆえ、今後はこの匠作に対する義理を捨て家の安泰を図られよ」といって立去った。利家は返す言葉もなく見送った。

二三日秀吉軍が府中に入った。利家は旧知の間柄であり秀吉を城中に入れ秀吉に同行する話を付けた。同日秀吉軍は北庄の郊外に出て陣を置いて、二四日早朝より北庄城の攻撃を開始した。勝家方は昼過ぎまでよく防戦したが遂に天守に追い込まれ申の刻（午後四時）一族・婦女子は皆自害して果て天守を火薬で爆破させた。この前にお市の三人の娘は城外に出され助命された。お市は勝家と共に死を選んだ。

柴田勝家の辞世の句

夏の夜の　夢路はかなき跡の名を　雲居にあげよ山ほととぎす

織田家の一番家老を滅亡させた秀吉は越前・加賀・能登を手に入れその領地を拡大した。

越中の佐々成政は勝家の有力な武将であったが、背後の上杉勢の威圧で山崎合戦・賤ヶ岳合戦にも動くことが出来ずにいた。成政は大軍を率いる秀吉に無念の思いで降伏した。秀吉は賤ヶ岳合戦に参陣しなかったとして越中の本領を据え置いた。

北陸を征した秀吉は丹羽長秀に越前一国と加賀二郡計七〇万石の加増、前田利家には能登の他に加賀二郡が加増され、利長も松任四万石が与えられた。この他に秀吉軍団の福島正則は近江・河内で五〇〇〇石、七本槍の諸将に各三〇〇〇石など多くの者が恩賞を得たが、官兵衛に対する褒賞は何もなかった。織田家中の闘争の中に官兵衛の智謀を発揮する機会は限られていた。

勝家の滅亡は岐阜の信孝に苦境をもたらし、戦うにも兵が皆逃げ出していた。信孝は兄信雄の口利きによって尾張知多半島の内海の地に落ちて謹慎したが、五月二日に切腹して果てた。内海は平治の乱で敗れた源義朝が京を落ち関東に向う途中、家人長田忠致に騙し討ちにされた土地である。

信孝は辞世に、

昔より　主を内海の浦なれば　むくいを待てよ羽柴筑前

と詠んで二六歳の生涯を終えた。

大坂城

五月初め秀吉は北陸から長浜に帰り、大坂の池田恒興を美濃に移した。恒興は嫡男元助を岐阜城に入れ、恒興と次男輝政は大垣城に入った。

秀吉は宝寺から大坂に居を移し、石山本願寺跡に大規模な大坂城の築城を始め天下人の威容を示すべく大工事とした。城郭はもとより内装・調度品も贅を尽くした造りとし、亡主信長の安土城を凌ぐ構造物とした。秀吉傘下の諸将は大坂城下に屋敷を構えた。官兵衛は長柄に土地を得て天満屋敷として住むことになった。秀吉は城下に住む主な将士に対して大坂詰めの馬の草飼料（滞在費）として畿内に少しばかりの領地を与えた。長政も賤ヶ岳の働きが認められて河内の丹北郡に四五〇石を拝領した。

城下は次第に整備され町並みも賑わいを見せてきた。やがてイエズス会にも河内の岡山に土地が与えられ教会が建ち、キリシタンの人々が集うようになった。高山右近は自領高槻と共に大坂屋敷においてもキリシタン活動を行い、河内の教会にも出向いて説教集会に加わったりして深くイエズス会に帰依していた。官兵衛は若い頃よりこの新しく日本に入り広く布教されるようになったキリシタンの教義と共に、その先に広がる革新的で開明的な世界への共感と興味を持っていた。

官兵衛は大坂城下で高山右近・小西行長・蒲生氏郷らの将士とイエズス会の宣教師や日本人の修士（イルマン）が多くのキリシタンと行動を共にしている姿に感動する気持ちが芽生えてきた。やがて人柄の誠実な右近と接するうちに彼の薦めにより受洗を決意した。導師オルガンチノによってシメアン（シメオン・サイモン・シモン）という洗礼名を授かった（キリスト教禁止令下の徳川幕府体制の中で書かれた「黒田家譜」には一切キリスト教に関わる記述はされていない）。

秀吉は織田家との対応を思案する一方、毛利家に対し国分け（領国の境界画定）の提案と人質の要求をした。これに応じて一一月に毛利方は小早川隆景から小早川四郎元総（秀包）と吉川元春から吉川経言（広家）の二人を人質として、使者安国寺恵瓊に添わせて送り届けた。官兵衛と蜂須賀小六正勝は上使として堺の港に彼等を出迎えた。秀吉は元春の武勇の気性では二人の人質を出しても人質を捨て約束を反古にする可能性ありとみて、されば隆景の人質のみを取れば元春は約束を破り難くなると考えて元総を残し経言は帰す処置を取った。恵瓊を秀吉の側に留め置き、官兵衛と正勝を相手に毛利家との国分けの交渉に当らせた。

暮れになって、秀吉は正月の年賀のために大坂城に出仕することを諸大名に要求した。既に天下を制した者の如く自己の権勢を誇示し、主従関係を明示しようとする儀式をかつて主君信長が行っていた如く実施しようとした。この要求は伊勢長島城にいる信雄にも届けられた。信雄は主筋にある自分が何で秀吉如き者に臣下の礼をとらなければならぬかと激怒し不快感を露にして出仕を拒否した。秀吉にとっては信雄の反撥は承知の上のことであり、信雄が反抗すれば逆らう者は討つという名目が立ち主筋を討つ負い目から免れる狙いがあった。

織田家との不穏な動きを抱えこの年は過ぎた。

天正一二年（一五八四）官兵衛三九歳、長政一七歳、一月秀吉と信雄の対立を憂い蒲生氏郷らが調停に動き近江の三井寺で両者の会合の席を設けた。席上信雄は秀吉の不遜な言動に怒り、同席していた信雄の三人の家老岡田重孝・津川雄春（義冬）・浅井田宮丸を置き捨て単騎三井寺を抜け出した。秀吉は残された三家老を持てなして長時間話し込んだ。後日、この話が信雄に伝わり三家老が秀吉に内応したと疑念を深めた。信雄は秀吉と決定的な対立に至ったが独力で戦う能力がないため、徳川家康に連携を持ち掛けた。この頃家康は信長の死によって支配権をなくしていた甲斐・信濃を経略で獲り、三河・遠江・駿河と合わせ五ヶ国を領していた。家康も秀吉の権力増大により、いつ攻め潰されるかわからぬ惧れを持っており、秀吉の権勢に不快感を募らせていた。かくて秀吉に対する信雄・家康連合との対立は深まっていった。

小牧長久手の戦い

この政情不安の折、秀吉は蜂須賀正勝の娘を官兵衛の嫡子長政に嫁がせ婚姻関係を結び両家の縁を固くさせた。そして三月に入ると官兵衛と正勝は恵瓊を伴って毛利家との境界画定を決するべく中国に向い備中猿懸城で交渉を始めた。

官兵衛と正勝が大坂を留守にしている時、伊勢・尾張に異変が発生した。三月六日家康の示唆を受けた信雄は三家老が秀吉に内通したとして長島城に呼び出し彼等を殺害した。更に三家老の領地を攻略し秀吉に対決する姿勢を明らかにした。八日信雄に誅された三家老の遺族・遺臣が反抗態勢をとった。又信雄の重臣神戸正武が秀吉方の亀山城の関万鉄を攻撃するという騒乱が生じた。家康も七日に浜松城を出陣し一三日に清洲城に入り信雄と戦略を練った。

家康は一四日伊勢の信雄方の諸将を応援すべく出陣したがその途中に犬山城が落城したという通報を受け、馬首を返し清洲城に戻った。犬山城の中川貞成は伊勢方面の応援に出掛けて不在の所を大垣城の池田恒興に攻め取られた。家康は伊勢方面は信雄方の諸将に守らせ、尾張に進出する秀吉軍と対峙する拠点を小牧山と定め、かつて信長が居城としていた城跡に迎撃態勢を整えた。

一八日恒興の婿森長可が羽黒に突出して攻撃を仕掛けて来たが、家康家中の酒井忠次・榊原康政らが追い散らし犬山城に退却させた。

この羽黒の敗戦を聞いた秀吉は急拠大坂城を出発し数日して犬山城に到着した。更に兵を進め小牧山周辺に砦を築かせ兵を配置し、四月五日秀吉本陣を犬山城と小牧山の中間程の楽田に置いた。小牧山から約一里弱の地点である。一〇万人の大軍の秀吉方は小牧山に籠る家康・信雄連合軍一万六〇〇〇人と対峙した。恒興は先の婿森長可の不覚の汚名を濯ごうとして、家康の本国三河を家康の留守中に攻めることを秀吉に提言した。秀吉はこの申し出を採用し大将を羽柴秀次にして恒興・長可と堀秀政ら総勢一万六〇〇〇人の兵を三河侵略軍として編成し四月六日の夜出発させた。

七日午後家康はこの情報を得て、八日夜半に自ら軍を率いて秀次軍の追撃に向った。秀吉方は三河侵略軍も秀吉本軍もこの動きを気付かずにいた。家康軍は九日早朝長久手で後尾の秀次隊に追いつき猛攻をかけ追い散らした。更に進んで堀隊を破り先を進む恒興・長可隊と交戦、長可は鉄砲に撃たれ戦死、恒興も槍に突かれ討死となり、未の刻（午後二時）頃にこの長久手の戦いは終結した。

その日の昼頃に秀次軍の敗報を聞いた秀吉は二万人の兵を率いて救援に向ったが、家康方は小幡城に入り防備を固めていた。秀吉は直ちに小幡城を攻めようとしたところ、夜の合戦は危険で無謀なことだと近臣に諌められ翌朝攻撃することにした。ところが家康軍は夜間に城を抜け出し小牧山に引き返してしまった。秀吉軍は家康に翻弄され、なすすべなく楽田の本陣に戻らざるを得なかった。かくて家康の戦略の巧みさによって秀次軍は敗戦し、恒興とその嫡子元助や森長可という猛将を失う痛手を負った。それ以後両者は対峙を続け戦況は膠着状態となった。

これより先、家康・信雄連合の秀吉包囲網作戦に呼応した紀州の根来衆・雑賀衆が秀吉軍の留守を突いて大坂に進出する動きが出た。秀吉は大坂出陣を控え、大坂の守備として和泉の岸和田城に中村一氏を派遣し、その添番に正勝の嫡子家政や官兵衛の嫡子長政らを加えて置いていた。三月二〇日朝根来衆・雑賀衆は二手に分かれて一方は船で堺に上陸し、他方は岸和田に陸路で攻め寄せて来た。長政は真っ先に進んで来る敵二人を斬り伏せ、その後乱戦時にも多くの敵を倒し、長政に従軍していた栗山善助や菅六之助と共に奮戦した。その夜になって堺から南下して岸和田に攻めて来た敵と再度戦い多くの敵を討ち手柄を挙げ敵を追い崩した。三月二三日にこの報告を受けた秀吉は一日に二度も奮戦し活躍した長政の戦功を賞し二六日付で感状を発行し、併せて早々に尾張への参陣を命じた。

秀吉は長久手の味方の敗戦で楽田に戻り、小牧山に籠る家康・信雄軍と対陣中の四月一二日付で堺で活躍した長政にその武勇を称え二〇〇〇石の褒賞の墨付を与えた。

小牧山の対峙は五月に入っても続いた。秀吉は堀秀政らの諸将に楽田の本陣や犬山城を守らせ、本軍を率いて尾張西部の諸城を攻略し大坂に一時戻った。

この時期、官兵衛と正勝は大坂を離れ中国の地で毛利家との交渉に当っており、尾張・伊勢の戦陣に加わることは免れた。逆に官兵衛と正勝という智謀の両者の参陣がないために、秀吉方は無残な長久手の敗戦と無策による小牧の長陣となったのかも知れない。

毛利家との境界の画定は外交僧恵瓊と毛利家の重臣林就長を相手に協議を重ね、毛利領を備中は高梁川以西とし伯耆は五郡中三郡とすることで手を打ち、大坂に戻った。秀吉はその功績を認め七月一八日付の書状で播州宍粟郡を加増した。これで官兵衛は都合四万石程の領地を得ることになった。

尾張・伊勢の戦局は小競り合いがしばしば繰り返されたが決着が付かぬまま日が過ぎていた。一〇月秀吉は伊勢の信雄方の諸城に兵を派遣し武威を示したうえで、一一月信雄に和議を持ち込んだ。信雄は家康に相談することもなく秀吉と単独講和を結び、北伊勢四郡を秀吉方から返還すること、信雄の娘を秀吉の養女にすること等の条件で締結した。家康は伊勢救援のため清洲城まで出軍したところでこの講和締結の件を知った。信雄が講和を結んだことは家康にとっては織田家を助勢し秀吉と戦うという大義名分がなくなる。家康は憤怒と落胆の気持ちを胸に秘め、信雄からの釈明を聞き浜松城に帰還した。浜松城に信雄と秀吉の使者が訪れ和議を提案した。家康は和議を受け入れ、於義丸（秀康）を秀吉の養子として大坂に送った。ここに尾張に於ける戦いは終局を迎えた。

四国征伐

天正一三年（一五八五）官兵衛四〇歳、長政一八歳、秀吉は信雄・家康と和議を結び東国の脅威を除き、西国の征服に取り掛かった。先ず昨年家康方に呼応して兵を出した根来衆・雑賀衆の本拠地を攻撃すべく一〇万人の兵を自ら率いて三月二一日大坂を発した。二三日根来寺を包囲し火を掛け全山を焼失させ、衆徒は殺戮、逃亡と追い散らした。かつて信長が行った「根切り」の戦法の再現ともいうべき過酷な手法であった。翌日には雑賀衆の本拠地を攻撃した。こちらは地勢の利と雑賀衆の抵抗が強く戦況は長引き、四月下旬水攻めによって降伏させた。

秀吉の次の目的は四国平定に定められた。四国は信長の死後、土佐の長宗我部元親が四国全土をほぼ手中に収め、勝家や家康・信雄と結んで秀吉包囲網の一角を形成していた。ところが元親の提携先が崩れ秀吉の威力が強くなると、秀吉は元親に阿波・讃岐・伊予の返納を命じた。しかし元親は伊予一国の返納で講和しようとしたため秀吉は承知せず討伐軍を出すこととなった。

秀吉は官兵衛に対し五月四日付の書状で「来月三日に自ら四国に出馬渡海する。官兵衛は先勢として、淡路に着岸せよ」と命じた。ところが北陸の佐々成政に不穏な動きがあると聞き、自らの四国行きを中止し、代わりに弟の秀長を大将、甥の秀次を副将とし、軍監に官兵衛と正勝を添えて四国に出征することを命じた。六月一六日秀長は大和の兵三万人を率いて堺から淡路の洲本に上陸した。秀次は丹波の兵三万余人を率いて明石から淡路の岩屋に上がり、福良に進み秀長軍と合流し鳴門海峡を渡り阿波の土佐泊に着陣した。毛利家からは小早川隆景と吉川元春が兵三万人を率いて芸州から伊予の新間に渡った。

岡山の宇喜多秀家は二万三〇〇〇人の兵を連れ仙石権兵衛秀久・小西行長を伴い、軍監の官兵衛と正勝と共に讃岐の屋島に渡った。秀吉方総勢一一万余人といわれる大軍が阿波・讃岐・伊予の三方から元親勢に向けて攻撃を開始した。

一方長宗我部元親の軍勢は阿波に脇城の長宗我部親吉、一宮城の長宗我部親安、岩倉城の長宗我部掃部助、木津城の東条関兵衛の各将を配置。讃岐は植田の新城に元親のいとこの長宗我部（戸波）右兵衛尉親武を名代とし細川源左衛門尉を副え置き、西長尾城に国吉吉右衛門、藤尾城に香西伊賀守を置き守らせた。伊予では仏殿城に近在の諸将が入り、金子城主の金子元宅は自城を弟の元春に守備させ高尾城に移り籠城し防備を固めていた。元親は自軍八〇〇〇人を率いて阿波に出陣し、天険の要害白地城に本営を置き元親方全四万人の総指揮をとった。

屋島に上陸した宇喜多軍と軍監官兵衛は屋島の対面にある高松頼邑が二〇〇人ばかりで籠る喜岡城を攻略し、四里先の藤尾城に向った。藤尾城では海越しに間近に見える喜岡城の落城の様子を見て観念し宇喜多軍の到着時に降伏を申し出た。官兵衛は土地の者から讃岐の情勢を聞き進路の策謀を練った。次の攻撃目標として宇喜多軍の内の五〇〇〇人を率い元親が進出して築いた植田城の見分に出かけた。植田城に向う途中、その支城の由良山砦、池田砦の守備兵は宇喜多隊の行軍を見ただけで逃げ去った。官兵衛率いる宇喜多軍は植田城に到着し、その地勢と布陣を見分して早々に高松に引き返した。植田城は元親が新城を築き二五〇〇余人を入れ堅固に守り周辺に砦を置き、秀吉軍をこの山間地帯に引き込む役目をしていた。そして元親自身が後詰として背後から出撃し前後から挟撃しようと目論んでいた。官兵衛は元親の策謀を見抜き深入りを避け引き返して来たのであった。元親の主力は阿波にあり阿波を平定すれば讃岐も落ちると見定めて無益な戦いを避け、屋島に着いた宇喜多軍他二万三〇〇〇人を率いて大坂峠を越えて阿波に入り、撫養の木津城を攻めていた秀長・秀次軍と合流した。総勢八万五〇〇〇人となった大軍に驚き木津城の城将東条関兵衛は城を空け土佐に引きあげた。

七月一五日秀長は軍を分け阿波の内陸部に侵入を開始した。秀長軍は正勝を参謀にして一宮城を攻め、秀次軍は官兵衛を参謀として岩倉城の攻撃に向った。岩倉城は阿波一番の堅城で猛将長宗我部掃部助が決死の覚悟で籠城し容易には陥落出来なかった。秀次は官兵衛に策を預けた。官兵衛は「この城要害よければ人力を以て攻むべからず。謀をめぐらし敵の心を屈し、あつかいを以て城を降すべし」として、一計を案じ城中の櫓よりも高い井楼を組み上げて城中を見渡し、その上に大砲を載せ砲撃した。そして一日に三回包囲軍四万人が一斉に鬨の声をあげて威嚇した。やがて城内の気勢も挫かれ降伏の気運が出た頃合いを見て官兵衛は調停にかかり開城に導いた。包囲一九日で官兵衛の戦略により兵力の損傷もなく開城させ、守将掃部助以下城兵は城を捨て土佐に退却した。堅城岩倉城の陥落は阿波の他の諸城にも影響を与え、次々に降伏又は失踪し討伐された。

伊予は隆景・元春軍の奮戦により平定された。ここに孤立無援となった長宗我部元親は秀長に和睦を申し出て正勝の仲介により秀吉と講和を結んだ。

秀吉はこの四国攻めの間の七月に、公卿に働きかけて近衛前久の猶子という形をとり従一位関白に叙任され、姓を藤原と改めた。自らの天下支配を正当付けるものとして官位に求めその最高位を得ていた。その後、越中で反旗を翻す佐々成政を討伐するため自軍を率いて越中に向った。秀吉軍と北陸軍の大軍の前に成政は信雄に仲介を依頼し、八月二〇日降伏を申し出た。これに伴って越後の上杉景勝も服属の意思を示した。

秀吉は四国征伐の結果、元親には土佐一国を安堵しその他の所領を召し上げ、阿波一七万三〇〇〇石を正勝の嫡子家政に与えた。正勝は四国帰陣後病床に臥し病気や高齢を理由にして領国を家政に譲り、摂津で五〇〇〇石を得て養生した。讃岐は仙石権兵衛秀久、十河存保に与えた。伊予で活躍した小早川隆景は伊予三五万石、戦陣について行った安国寺恵瓊にも二万三〇〇〇石を与えた。

官兵衛は秀吉の意向と知行の配分を伝えるために伊予に出向き隆景と会合した。来年は九州攻めの予定であり、その節には隠居の身とはいえ武略に優れた吉川元春の出陣を頼み、筑前は大友家と毛利家との争奪の地であり九州平定後は元春に筑前を与えるという秀吉の言葉を伝えた。隆景と元春にそれぞれ領国を加増し厚遇する意を示した。

今回も官兵衛に対する加増の地は与えられなかった。秀吉は己より優れた者が天下に志を持っていると警戒の疑念を持っていた。しかし官兵衛は天下に関わる事業に参画出来たことに充足感を持ち領地を欲する意識を抑えていた。この様な時の八月二二日官兵衛の父宗円（職隆）が病没した。享年六二歳、姫路の心光寺に葬られた。

九州先遣

天正一四年（一五八六）官兵衛四一歳、長政一九歳、秀吉は天下支配の権勢を官位にも求めて、昨年自らは関白に、身内の秀長・秀次は中納言を授けられていたが、この三月諸将にもその恩恵が与えられた。官兵衛は従五位下に叙せられ勘解由次官の官命を賜わった。

四国を支配下に置いた秀吉の次の目標は九州征伐であった。しかし遠く九州まで大軍を出すには背後の徳川家康とその後方の小田原北条氏が結んで大坂を突かれる危険性があると見ていた。秀吉は家康を確実に臣下に取り込む必要性を考えて一月に家康の上洛を要請した。家康は二度にわたり上洛要請を拒否した。拒否された秀吉は二月に入り今度は自分の妹旭と家康との婚儀を進めた。旭は秀吉の異父妹で佐治日向守に嫁いで平穏に過ごしていたのを強制的に離別させられ政略結婚の道具にされた。家康より一歳年下の四四歳であった。

四月家康は婚儀の件を受け入れ、五月旭が浜松に輿入れし式を挙げた。秀吉と家康は義兄弟の間柄となり双方にとってこの婚儀は有効に働くかと思われたが、家康は従前と変わらず臣従の姿勢を取らぬばかりか北条氏に接近していった。

この頃、九州では薩摩の島津氏の勢力が増大して豊後の大友氏領への侵攻が激化し大友氏に危機が迫ってきていた。四月五日大友宗麟は老齢をおして自ら上坂し秀吉に対面、豊後への応援を要請した。秀吉は自分を頼りにして来たこの九州の名門の大名を丁重に扱い、盛大な接待をしてその申し出を受け入れ宗麟を感激させた。

秀吉は宗麟から身近に九州情勢を聞き、来年の春には自ら九州に入り島津征伐を行い九州を平定することとし、それに先立って九州に近い毛利勢と四国勢を豊前と豊後に派遣し島津氏を牽制することにした。当面の間秀吉自身が大坂を離れるには不安が残っていたため、先遣部隊を派遣し島津氏の侵入を防ぎ防禦を固める戦略を取り、本格的な戦いは明年秀吉が九州に遠征した時から始めることとして、当面は決戦を避け上方の武威を示し反抗する勢力を服従させることを主眼とし、逆らう豪族は制裁するという方針を立てた。

先遣隊の派遣にあたり、秀吉の名代として毛利勢の軍監に官兵衛を、四国勢には仙石権兵衛を選任した。官兵衛はこの大役の任務を意気に感じ喜んだ。大国の島津氏との戦いに臨み、戦功を立て飛躍する好機と捉えた。しかし官兵衛の所領は四万石程の小名で兵力も六、七〇〇人程度の戦力でしかない。官兵衛は兵力の増強を図るため、領地が少ないので石取りの知行を与える代わりに銭で兵士を募集して三〇〇〇人程を召し抱えた。その結果黒田軍団は約四〇〇〇人の兵力を構成するに至った。官兵衛率いる黒田軍は七月二五日出陣し山陽道の陸路を下り下関に到着し毛利軍の参陣を待った。官兵衛は軍務の傍ら、この地に居たイエズス会のキリシタンに便宜を与え布教活動の手助けをしていたことがフロイスの「日本史」に記されている。

小早川隆景と吉川元春は八月一〇日、毛利輝元は一六日にそれぞれの居城を発ち官兵衛軍と合流し海を渡り門司に着陣した。

仙石権兵衛を軍監とする長宗我部元親・信親父子、十河存保らの四国軍は八月二八日豊後に渡り府内の大友軍と合流した。この時秀吉は島津家への使者として浅野長政と木村常陸介重高の両名を四国軍と同行させ派遣した。両使者は豊後から薩摩に赴き秀吉の書状を差し出した。「今や天下静謐の処、九州の諸将の争乱を中止せよ。下命に従わなければ成敗する」とあり、使者の口上で上洛を求めた。これに対し島津義久はあざ笑い、「かの猿面の藤吉郎の分際で、われに上洛せよとは片腹痛し」と吐き捨て、返答にも及ばずとして秀吉の書状を投げ捨て反撥した。九州という遠国にある義久は上方における秀吉の権勢をよく把握しておらず、名門の島津家を誇示した。

島津家は源頼朝の側女丹後の局が産んだとされる忠久を祖とする。頼朝の正室政子に妬まれて大隅・薩摩の領地を得て定着し代々この地を支配してきた家柄であった。大友家も同じく頼朝を祖とした家柄であった。

門司の陣中で官兵衛は隆景と元春・元長父子それに毛利家の当主輝元と合議を重ねた。備中高松城の攻防以来幾度か接触の機会があり、互いの誠実で律儀な人柄を認め合い信頼関係が醸成されていた。九州の現実の情況は島津氏の侵攻が想定以上に厳しいものであった。大友方の勇将で筑前岩屋城を居城とする高橋紹運が、島津勢とその傘下に加わった肥前・筑後勢や筑前の秋月種実の軍勢に攻められて七月二七日敗死していた。その後島津勢は立花城の立花統虎（宗茂）のおさえとして近在の高鳥居城に筑後勢を置き本国に帰っていた。

高橋紹運（鎮種）は大友の家臣吉弘鑑理の次男で高橋家に入っていた。立花統虎は紹運の実子で立花道雪が高い資質を持つ統虎を気に入って養子としていた。統虎は実父紹運と共に大友方の勇将として島津氏に抵抗を続けていた。毛利勢と官兵衛が門司に陣を構えて間もない頃の八月二五日、統虎は実父が島津勢に討たれたことで発奮し島津方の向い城の高鳥居城を攻撃し敗走させた。この戦勝は秀吉に報告され、秀吉は九月一〇日付の官兵衛宛の書状で感悦の様を伝えた。

毛利軍と官兵衛軍は豊前から豊後に進入する方針を取り、先ず馬ヶ岳城の攻撃を目指した。毛利軍の進攻に驚いた馬ヶ岳城の長野三郎右衛門以下豊前の山田・広津・仲蜂屋・時枝・宮成の国人城主衆は早々に降伏し人質を差し出した。官兵衛は九月二八日付の書状を秀吉に送り、豊前の情況と戦勝結果を報告した。

香春岳城に本拠を置く高橋右近元種は小倉城と宇留津城の支城を持ち、城に籠って降伏を拒否した。毛利軍と官兵衛軍は先ず小倉城に向い包囲した。一〇月四日大軍を前に小倉城は一戦も交えず降伏開城した。毛利軍と官兵衛軍はここに暫く在城した。この時吉川元春はかねてから病んでいた癰（化膿性のできもの）が悪化し療養の身となり、代わりに嫡子元長が吉川軍の指揮を執った。

次に毛利・黒田軍は刈田松山城に陣替えをしたのち、一一月七日松山から三里、小倉から七里ほどにある宇留津城を囲み猛攻撃を開始した。一番に乗り入れたのは黒田家の母里太兵衛であった。この他黒田家中では井上九郎右衛門・栗山善助・後藤又兵衛・野村太郎兵衛・久野四兵衛・大野少弁・吉田六郎大夫又助父子・林太郎右衛門らが高名を上げた。城中に二〇〇〇人ほど籠城していたが城主加来与次郎以下一〇〇〇人余りを討ち取り、残る男女三七三人を生け捕り磔に処して城は一日で落城した。天下人秀吉に反抗する者へのみせしめとして苛酷な処置がとられた。翌日城を破却して刈田松山城に引きあげた。

なおも抵抗を続ける高橋元種の支城障子ヶ岳城に向い攻撃を始め一一月一五日に攻略、翌日元種の居城香春岳城を囲んだ。元種は秋月種実の次男で高橋氏の養子となって居城していた。元種は籠城し抗戦したが支えきれずに二四日降伏を申し出て開城した。

この間の一一月一五日に吉川元春の病状が悪化して小倉城で病死した。享年五七歳、勇猛剛直でありながら温厚な性質を有する戦国の名将はここに生涯を終えた。官兵衛は嫡子元長の家督相続の仲介をとり、秀吉の許可を取ってやった。

かくて豊前は一二月前にほぼ平定され官兵衛は香春岳城に、隆景・元長は松山城と馬ヶ岳城に入った。九州全域を支配するに当り、武力による合戦を極力避けて合戦による犠牲を出来るだけ抑え、理をもって敵を諭し味方に引き込むという官兵衛の従来からの戦略を試みた。九州の諸国人豪族の多くは強力な軍勢を持つ島津氏にやむなく従属し、遠く畿内における秀吉の威力を知らず反抗していると察知した。諸豪族に対し秀吉方に恭順すれば本領安堵を秀吉に取り次ぐことを約束する。しかし今すぐ島津離反を表明すれば島津方に攻撃される危険性がある場合は、秀吉が九州出向時に従属を申し出ればよいと認めた廻文を使者に持たせ各地に派遣した。使者は弁のたつ才覚ある者として貝原市兵衛と久野勘介が選任された。貝原は小倉から海路筑前・筑後を経て肥後に赴き、久野は陸路で筑前に入り秋月を通って筑後を過ぎ、豊前の各地を巡り廻文を示し口上を述べ官兵衛の意思を伝え歩いた。各地で内応する者が多く出た。官兵衛はこの行為を秀吉に報告し了解を得ていたことから、九州征伐後官兵衛の行為に従った多くの者が領地を安堵された。肥前の鍋島・松浦・大村、肥後の相良、日向の伊東などが官兵衛の恩恵に与った。

一方豊後の大友氏支援に赴いた仙石権兵衛を軍監とする長宗我部元親・信親父子、十河存保らの四国勢は上の原に砦を築き大友氏領に迫る島津軍に備えていた。

島津義久の弟家久は日向から豊後に進出し大友方の端城を囲んだ。これを聞いた権兵衛は軍監の権威と自らの武威で高名をあげる機会と捉え、四国勢を率いて後詰めに出ようと勇みたった。元親はこれを制して諫言したが権兵衛は聞き入れず、自軍一手でも戦うとして戦闘準備に取り掛かった。元親はここで権兵衛を討たせては我が家の沽券にかかわるとして権兵衛と共にやむを得ず兵を出した。これを見た島津勢は城攻めを休止して向きを変え後詰めの四国軍に向って来た。一二月一二日四国軍は戸次川に於いて島津の大軍に攻め込まれ大敗を喫し追い散らされてしまった。元親の嫡子信親は奮戦及ばず大勢の敵に囲まれ討死してしまった。二二歳の武勇の青年であった。

信親の死を聞き父元親は死を覚悟して前線に出ようとしたが重臣が諫めて馬を砦に向わせ引き下がらせた。十河存保も討死し、権兵衛は戦場を離れ船に乗り四国の居城に逃げ帰ってしまった。義久勢は余勢をかって大友軍の籠る臼杵城を攻撃したが大友勢は籠城し守り抜いた。

秀吉は官兵衛らの九州征伐先遣軍を派遣したあと、一向に臣従の態度を示さぬ家康に対して秘策を練った。一〇月秀吉は敬愛する生母大政所を大坂城から岡崎へ人質に送り込み家康への誠意を見せつけた。さすがの家康も秀吉の誠意を感じ、今が潮時と折れ秀吉への臣従を決意し、一〇月二〇日上洛の途についた。秀吉は喜んで家康を迎え特段の扱いで報いた。諸大名が参集した席上で秀吉は家康を引見し天下人の威厳を示した態度を取った。

かくて家康の臣従により後顧の憂いなく、一二月一日、諸大名に対して九州への出向についての召集令を発令した。来年三月一日に九州に発向するため諸将は軍兵を率いて二月二〇日までに大坂に参集せよと触れた。畿内五ヶ国、北陸五ヶ国、近江・美濃・伊賀・伊勢・尾張・紀伊・山陽・山陰およそ三七ヶ国総勢二五万人余り、馬二万頭という大規模な構成として、これに九州先遣軍五万人が加わると総勢三〇万人の大軍となり、島津氏ら反抗する九州勢に対する天下の威力を誇示して威圧しようとする思惑であった。この大軍の兵糧米一〇万石や飼料の集荷、武器弾薬の調達などの奉行は小西隆佐らが担当し、輸送の手配・支給分配などの奉行は石田三成・大谷吉継・長束正家が担当した。前線で戦う武将の他に庶務に長じた新たな吏僚達が能力を発揮し秀吉に重用されていた。

一二月九日秀吉は朝廷に働きかけていた太政大臣の地位と豊臣の姓を賜り、ここに摂政（関白）と太政大臣を併せ持つ太閤となり、豊臣秀吉と名乗りを変え天下人の地位を確立した。

絶頂期にある秀吉のもとに一二月一二日の戸次川敗戦の報が知らされた。仙石権兵衛には秀吉自身の出馬までは守りを固めよく守備せよと命じていたにも拘わらず、合戦を仕掛けて敗北するという失態を演じたことに秀吉は激怒した。武勇の名で知られる長宗我部信親の死を憐れみ、権兵衛に対しては領国の讃岐を召し上げ、高野山に追放する命令を出した。

島津軍の進攻に対応して予定を繰り上げて、明年一月二五日に宇喜多軍を九州に先発させるという一二月二九日付の書簡を官兵衛宛に送った。

九州先遣軍は秀吉本軍の到着を待ち九州の陣中で年を越した。

九州征伐

天正一五年（一五八七）官兵衛四二歳、長政二〇歳、年が明け一月に宇喜多軍、二月一〇日に秀長軍が出発、秀吉は三月一日大坂を威風堂々と出発した。大坂には留守部隊三万人を秀次に預けて守らせた。秀吉は陸路を進み、途中安芸厳島神社に参拝するなどの余裕を見せ赤間関を経て三月二八日小倉城に入った。ここで秀吉は諸将を集め軍評定を開き各武将の部署を定めた。総軍を南北二手に分け、南軍は秀長を総大将にして毛利三軍・宇喜多秀家・宮部継潤・亀井慈矩・長宗我部元親・蜂須賀家政・藤堂高虎・加藤嘉明・脇坂安治・大友義統など八万余人の軍勢で豊前から豊後に出て日向・大隅を経て薩摩に進撃することとした。官兵衛はこの南軍に属した。

北軍は秀吉自ら大将となり畿内・北陸・美濃・伊勢の軍勢一〇万人余の大軍で豊前から筑前・筑後・肥後を経て薩摩に向うことにした。

北軍は小倉から馬ヶ岳城に移り筑前秋月氏攻撃を目指した。秋月種実は島津方に属し支城の岩石城と益富城に重臣を置き守らせていた。秀吉は先ず岩石城を攻撃しようとして主将に秀勝、副将に前田利長と蒲生氏郷を任命し、四月一日早朝より攻め始め申の刻（午後四時）に落城させた。次に岩石城より西へ三里程の秋月種実の父宗全の隠居城である益富城に向った。岩石城が一日で落城したと聞いて益富城の者は城を捨て本居の古処山城に移り籠城して島津勢の後詰めを待とうとした。秀吉軍は空いた益富城に移り古処山城攻撃への陣を整えた。この間、富田左近将監・奥山佐渡守を派遣して英彦山に籠る山伏を攻め降伏させた。

古処山城の麓に陣を移した秀吉は夕方になると近在の村々にかがり火を焚かせた。そして民家の戸板を集め黒く墨を塗り、又播州杉原産の和紙を貼って城壁と見立てさせた。山上の秋月方は下方のかがり火を見て数万人の軍兵が攻め寄せていると錯覚した。夜が明けて見れば一夜にして見慣れぬ城壁が出来ているのに驚いた。秀吉方の大軍の前に秋月父子は戦意を挫かれ降伏を勧める秀吉の使者に降参の取次ぎを申し出た。秋月種実は髪を落し墨染めの衣を着て秀吉の前に現われ、今までは島津への義理のため反抗してきたが、この大軍に立ち向うことなど出来ない。これから味方に加わりたいとして赦免を願い、家に伝わる名器の茶入れ「楢柴肩衝」と人質に嫡子種長を差し出した。秀吉はこれを許し島津攻めの先手に加わることを命じた。四月四日秀吉は秋月氏の居城に入り三日程人馬を休めた。

この時、肥前の龍造寺・筑紫・草野、肥後の小代、筑前の立花・原田・麻生・杉、豊前の高橋元種・長野安心院・城井・山田・中間・広津・宮成・時枝、この他壱岐・対馬・平戸・五島などの国人豪族が土産と人質を持参し秀吉に降伏・帰属を申し入れに訪れた。彼等は昨年来、官兵衛が廻文を発し使者に諸国を巡らせていた諸将であり、官兵衛の下工作による成果は秀吉が戦うことなく降伏させ、味方に帰属させるという結果に現われた。

秀吉は秋月氏居城を生駒雅楽頭近規に預け肥後に向った。隈本城を降伏させ一六日に入城、富田左近将監を置き、一九日宇土城に着きここに加藤清正を残し、二一日八代城に着陣した。

これより先、島津方は秀吉軍の九州進出を聞き他国で迎え撃つのは不利と見て、三月一五日豊後府内を去り、一八日日向の縣城に徹退していた。更に後退し縣城に土持久綱、財部城に伊集院忠棟を守らせて、島津義久は日向都於郡城に滞陣した。

南軍は島津勢を追い豊後から日向に入り縣城を攻略し、耳川を渡り島津方の前線を固める高城・財部城の攻撃を目指した。

島津方は財部城と共に高城に山田有信以下兵三〇〇〇人を前線の拠点にして各所に砦を築き防戦態勢を取り、後方の都於郡城に島津家総大将義久を始め弟の義弘・家久や同族の島津忠麟ら二万人の軍勢が控えて迎撃陣を取っていた。

秀長率いる南軍は財部城と高城の間の近在に五一ヶ所の陣営を構えて対応した。官兵衛や宮部継潤、蜂須賀家政ら一万五〇〇〇人は前軍として根白坂に陣を構え島津勢の来攻に備えた。南軍の兵が現地調達する燃料用の薪木や建材用の木材を近くの山に伐り出しに行くたびに財部城から兵が出て、追い払われたり斬り殺されて往来の通路を妨げられた。

四月一〇日官兵衛・家政・石田三成・尾藤知定らが長宗我部元親ら四国勢の船手の陣所を見廻りに出かけた時に長政も同行していた。途中長政は敵がよく出没する場所に伏兵を置いて敵が出たところを討ってはいかがなものかと申し出て、我等これから味方の兵の伏せ場を見定めて来たいと諸将に伺いをたてた。これを聞いた三成は若者の血気に逸る行為はいかがなものかと同意しなかった。官兵衛と家政は伏せ場の視察は必要と思いこれを許した。ただし今日は合戦の用意もなく多くの兵を連れて来ていないので、供に付いて来た士分三〇騎・足軽七、八〇人を与えるので連れて行けと黒田兵庫助・栗山善助・母里太兵衛・小河伝右衛門・黒田玉松・後藤又兵衛・菅六之助など黒田家の勇士を選んで付けた。家政も妹婿の身を案じ老巧の家臣高市常三を差し添えた。官兵衛は長政に戦巧者の指図に従って決して深入りするなと諭し送り出した。長政が去ったあと、官兵衛は長政一行の小勢では危険と見て足軽頭の吉田六郎大夫を呼び、鉄砲隊を率いて小丸川のほとりの柳堤の陰に伏せ隠れて、もし敵が追いすがって来た時は側面から攻撃を仕掛けよと下知して送り出した。

三成は秀吉の寵臣の身になって自負心が強くなっていた頃であり、自分の意見に反した行為に不快感を示した。官兵衛にしても日頃の三成の言行に快く思っていないこともあり、三成の意見に反撥し長政の偵察行に同意したともいえた。もし三成が偵察行に賛成であれば官兵衛は止めたかも知れなかった。

長政は小丸川を渡り敵地を偵察し地形を見届けて帰りかけた時、後藤又兵衛が遠く敵城の方を見て兵が出撃したと思われる、急ぎ退却しようと進言。高市常三も敵は必ず攻め寄せて来る、ここでは防ぎ難い、川を渡り待ち受け敵が川を渡る時に打って出るべきで早くここを退却すべしと勧めた。竹森新右衛門は向うの山の林の間に赤い物がひらめいているのが見える、敵の伏兵がいると思われる、この場所は敵に利のある場所で早く退くべきだと述べた。やがて山裾から足軽三〇〇人程が進み出て、その後に士分の者二〇〇人程と数騎の騎馬が鬨の声をあげて迫って来た。若い長政は帰りかけた馬首を戻し敵に立向おうとした。常三と家臣らは馬から降りて長政の馬の口を押さえ戻ろうとする長政を制し、川を渡らせ引き返し手前の河原に連れ戻した。敵は既に川に近づき弓矢を放ってきた。野村太郎兵衛は自分の足軽二〇人程をまとめて河原の小土手を楯にして鉄砲を放たせた。後藤又兵衛は長政の陣する前で馬を乗り廻した。これを見た練達の高市常三は見事な戦陣の働きであると長政に対して称美した。

この時、後方の丘の上から船手見廻りに行く途中の官兵衛・三成らの諸将は敵が攻め寄せて、長政が退がるのを見ていた。三成は「吉兵衛、若き仁にして候がよく逃げられ候」と嘲笑した。官兵衛は「治部殿の目には吉兵衛逃げると見え候や、暫く待ってよく見たまえ」と返した。

島津方は長政方が地勢の利を得ようとして退却したのを知らず追われて敗走したものと思い、人馬乱れて川を渡って迫って来た。長政は頃合いを見て反撃の差配を振った。陣を整え長政は真っ先に馬を進めて島津勢に打って出た。大将自ら激しく戦い、太刀を打ち落とされ脇差を抜いて攻め込んだ。左腕二ヶ所に手傷を負い、鎧の胸板に二太刀斬られながら激しく奮戦している姿を見て、家臣らはここを先途と覚悟を決めて勇猛に戦った。遂に敵は追い立てられて川の向うに引き下がった。敵の退勢を見てとり柳堤の陰から吉田六郎大夫の鉄砲隊が一斉に鉄砲を撃ち放って、横合いから新手として加わり逃げる敵を追撃した。島津勢は総崩れとなり財部城に逃げ帰った。長政は兵をまとめ深追いを避けて手負いの者を引き取り勝利の勝鬨をあげ引きあげた。

丘の上で諸将と見ていた官兵衛は三成に対して「あれを見給え治部殿、吉兵衛よく逃げると笑われたが先ほど逃げたのはわざと敵をおびき寄せ、川を越えさせてから取って返して川に追い討つための知略である。あれをよくよく見ておいて、貴殿が殿軍をする時の手本になさるがよかろう」と述べた。さしも弁才ある三成も一言の返答もなく赤面して場を離れ去った。もっとも官兵衛も大勢の敵に小勢で向う長政に対しこの勝負どうなるかと心配して見守っており、後日になって自分の戦より胸中苦労していたと人に語ったという。

合戦を終えて家臣達が官兵衛に今日味方の小勢をもって大勢の敵を追い崩し勝利を得たのは長政の比類なき働きによるものであると報告した。これに対し官兵衛は「それはその方らが軍法を知らぬからその様に思うのである。大将は士卒をよく進退させて働かせるのが職分である。勿論大将たる者後れをとってはならぬが葉武者の如く我一人の動きを好むは匹夫の勇にして大将たる道にあらず。大将が士卒より先に進んで駆ければ後の士卒は誰が動かすのか。又大将が軽々に先駆けして敵に知れた時、敵は大将一人を目掛けて討ち取りにかかるであろう。これ大将の不覚ではないか」と、長政の血気盛んで敵を見ると突出して戦うという性分を危惧し戒め諭した。

四月一七日島津義久は弟義弘・家久以下二万人の軍勢を率いて都於郡城を発ち秀吉方南軍の攻撃に向った。義久は義弘に命じて根白坂の宮部継潤の砦を夜襲させた。継潤は強固に防禦し救援に駆けつけた藤堂高虎軍と共に戦い続けた。一八日早暁長政や小早川隆景らの援軍も加わり南軍方が攻勢になった。島津軍の勢いは次第に衰えて死者三〇〇余人・負傷者一〇〇〇余人を出し義久・義弘は都於郡城に、家久は佐土原城に引き返した。官兵衛はこの情勢を見て直ちに島津勢を追撃すれば敵将も生け捕れる、残軍を追って鹿児島に突入すべきと考えて秀長のもとに使者を出した。しかし思慮深い秀長は同意しなかった。南軍のみで進軍するには危険性があり、敗れれば仙石権兵衛の二の舞いになる。又南軍が鹿児島の侵攻に成功した場合その手柄は南軍のものとなり、秀吉率いる北軍に先立って功績をあげることになる。兄秀吉に臣従する姿勢に努めている秀長は自らの手柄を表面に出して誇示する考えは毛頭持たない心の持ち主であった。秀長は自分の考えを官兵衛に伝え島津勢の追撃を止めた。官兵衛は秀長の心得を読み取り処世を悟った。

根白坂での敗戦により戦意を失った義久は降伏を決意した。義久は家臣に対し「秀吉の武威は思いのほか盛大であり向う所敵なしの勢いである。例えば洪水が俄にできて防ぎ難いようなものだ。島津の先祖忠久が頼朝から大隅・薩摩に封ぜられて以来今日に至るまで子孫が相続している。このたび秀吉に降参しなければ我が家の滅亡は必定、降参して当家の相続を願うほかない」と心情を語った。四月二一日義久は重臣の伊集院左衛門大夫を官兵衛の陣所に派遣して降伏の件を伝えさせた。官兵衛は秀長に島津の使者を取り次いだ。秀長はその申し出を薩摩の川内にある太平寺の秀吉本陣まで使者の木下半介に届けさせた。

この時、秀吉の大軍は島津氏の居城から一〇里ばかりの所に夥しい人数で布陣していた。秀吉は義久の降伏を認め来訪を求めた。五月八日義久は剃髪し墨の衣を着し、名を龍伯と改め、金箔の磔木をもたせて、太平寺の秀吉を訪れ会見した。秀吉は義久の降伏を許し、義久は隠居し弟の義弘に家督を譲ることにして義弘に本領安堵の朱印状を与えた。

島津氏を制した秀吉は五月二二日太平寺を離れ帰路についた。途中肥後の山中に逃げ込んだ土着の反逆者を追ったが悉く降伏の意を示したのでこれを許した。かくて九州一円は秀吉のもとに征服された。

秀吉は肥後隈本に着いて佐々成政に肥後国五二万石を与え、その地の国人豪族一三人程は成政の与力とした。六月六日大宰府に着き天満宮などを見物し、七日博多を経て箱崎に到着した。箱崎宮に本営を置き付き従う諸将はその周辺の松原に仮屋を建て滞在した。ここに二〇日ばかり留まり戦後処理と論功行賞を行った。その合間に山名禅高や細川幽斎それに官兵衛の叔父休夢らとの歌会や、堺から来た千利休、博多の豪商神谷宗湛・島井宗室らとの茶会を催行し英気を養うと共に博多商人と交流の場を持った。

外国貿易で栄えた博多は戦乱の世に大友氏・龍造寺氏の争い、更には島津氏の侵攻で荒れ果てていた。宗湛や宗室が代表となり秀吉に博多の復興を願い出た。秀吉は博多商人の掌握のためにも快く申し出に応じて、一〇日には博多の町中を巡り、又南蛮船フスタ号に乗って船上からも検分した。翌一一日秀吉は博多の町を一〇町四方として縦横に割った小路を造り、道に沿って民家を配するという指図書を作成した。そして官兵衛と石田三成にその奉行を命じ、世話役に滝川雄利・長束正家・山崎片家・小西行長らを当らせ、宗湛や宗室の意見を聞き、一二日から町割りの実行に取り掛からせた。

六月一八日小早川隆景が日向・大隅の仕置を終えて箱崎に到着したのを待って、秀吉は九州諸将の領地替えの命を出した。

小早川隆景に原田・宗像・麻生氏の所領を除く筑前一国と筑後の二郡、肥前の二郡合計五二万五〇〇〇石を与えた。当初島津方として秀吉に抵抗し降伏した秋月種実は日向財部に移し三万石を与えた。昨年官兵衛と毛利軍に戦い降伏した豊前香春岳城の高橋元種は日向延岡縣城に移した。筑前の立花統虎は筑後四郡一三万石、高橋紹運の死を哀れみ、その子統増に筑後三池郡に領地を与え移した。小早川藤四郎秀包には筑後三郡一三万石、筑紫広門には筑後一郡を与え隆景の助勢となるように配慮した。大友義統は豊後一国、肥後の相良・日向の伊東・肥前の有馬・対馬の宗などは旧領を安堵した。

翌一九日秀吉は突如伴天連追放令を発し宣教師の追放を命じた。宣教師らがキリシタン領主に寺社の破壊を命じたこと、僧侶に迫害を加えたこと、キリシタン入信を強要したこと、更には日本人を奴隷として外国に売り渡したことなどの讒言が僧侶らから秀吉の耳に入り、キリシタン布教の本来の目的から逸脱する行為に憤り、外国人宣教師は平戸に追放の身となった。

七月一日秀吉は箱崎を離れ二日小倉城に着き、ここで九州の残りの仕置を行った。秀吉は官兵衛に対して三日付の朱印状で豊前国に於いて京都・築城・中津・上毛・下毛・宇佐の六郡を宛行う、但し宇佐郡の妙見・龍王の両域は除くとした。この領域は大友一族の田原紹忍と田原親盛に安堵していた。他の豊前二郡の田川・企救郡は先に毛利吉成（勝信）に与えていた。

秀吉が九州征伐の前に九州平定の後は官兵衛に一国、又吉川元春には筑前を与えると約束していたのと違い、官兵衛への論功行賞は豊前六郡に止まった。石高は諸説あり定かではない（八万・一二万・一八万・二二万・二五万石など）。表高一二万石、実高一八万石と通説ではいわれている。播州山崎の小領主からようやく中規模の大名に取りたてられた。官兵衛の家臣らは官兵衛が信長に誼を通じ、秀吉が播州入りして以来のこれまでの数々の功績に対する恩賞としては不足に感じていた。その要因は秀吉が官兵衛の優れた智謀に警戒感を持ち、大領を与える危険性ありと承知していたことと、秀吉の寵を得た石田三成が官兵衛の智謀を妬み事あるごとに秀吉に讒言し、官兵衛の足を引っ張っていたことにあると感じ取っていた。官兵衛自身もこれまでの働きに自負心を持っており、ひとかどの大名たる恩賞を期待していたが、秀吉の胸中は察しがつき冷静に受け止めて有難く拝領した。

吉川家に対しては筑前一国の内約を反古にして筑前は隆景に与え、吉川家への恩賞の授与はなかった。元春は小倉で病死し、その嫡子元長も先の日向の陣において急病死していたことがその理由とされた。日向の陣において元長の亡き後、官兵衛は吉川の重臣らの補佐をして病弱の元春の次男元氏に代わる三男の経言（広家）をたて吉川軍の支援をしていたことから、吉川家は官兵衛を頼りにし経言の家督相続の件を依頼した。官兵衛は輝元と隆景からの依頼という形にして秀吉の承認を得てやった。秀吉は家督相続は認めたが恩賞の沙汰はなかった。九州征伐で小早川軍と共に主力を形成して戦った吉川軍は、元春・元長の主将を亡くした上に数々の戦功も空しくその果報に与ることが出来なかった。

（下巻に続く）

本書は二〇一二年に小社より刊行した『方円の器』を改題・修正した作品です。

主な参考文献

『黒田家譜』　貝原益軒編著　歴史図書社
『信長公記』　太田牛一　桑田忠親校注　新人物往来社
『完訳フロイス日本史』　ルイス・フロイス　松田毅一・川崎桃太訳　中央公論新社
『陸奥・出羽　斯波・最上一族』　七宮涬三　新人物往来社
『黒田如水のすべて』　安藤英男編　新人物往来社
『黒田如水と一族』　別冊歴史読本　新人物往来社
『播磨灘物語』　司馬遼太郎　講談社
『武将列伝』　海音寺潮五郎　文藝春秋
『顕如と石山合戦（日本の合戦）』　講談社総合編纂局　講談社
『福岡県の歴史』　川添昭二・武末純一　他　山川出版社
『大分県の歴史』　豊田寛三・後藤宗俊　他　山川出版社
『徳川三百年史』　長田権次郎編纂　裳華房

文芸社文庫

我が君主は天にあり 上

軍師・黒田官兵衛伝

二〇一三年八月十五日　初版第一刷発行

著　者　浅黄霞雲
発行者　瓜谷綱延
発行所　株式会社　文芸社
〒一六〇－〇〇二二
東京都新宿区新宿一－一〇－一
電話　〇三－五三六九－三〇六〇（編集）
〇三－五三六九－二二九九（販売）

印刷所　図書印刷株式会社
装幀者　三村淳

ISBN978-4-286-14273-9